最新法律文件解读丛书

商事法律文件解读

SHANGSHI FALU WENJIAN JIEDU

人民法院出版社 编

总第193辑 2021.01

人民法院出版社

图书在版编目(CIP)数据

商事法律文件解读. 总第193辑/人民法院出版社编
--北京：人民法院出版社，2021.4
(最新法律文件解读丛书)
ISBN 978-7-5109-3091-1

Ⅰ.①商… Ⅱ.①人… Ⅲ.①商法-法律解释-中国
Ⅳ.①D923.990.5

中国版本图书馆CIP数据核字（2020）第265444号

商事法律文件解读·总第193辑
人民法院出版社　编

责任编辑 路建华
出版发行 人民法院出版社
地　　址 北京市东城区东交民巷27号　邮编　100745
电　　话 （010）67550660（责任编辑）　67550558（发行部查询）
65223677（读者服务部）
客服QQ 2092078039
网　　址 http：//www.courtbook.com.cn
E-mail courtbook@sina.com
印　　刷 三河市国英印务有限公司
经　　销 新华书店
开　　本 787毫米×1092毫米　1/16
字　　数 104千字
印　　张 8
版　　次 2021年4月第1版　2021年4月第1次印刷
书　　号 ISBN 978-7-5109-3091-1
定　　价 28.00元

卷首语

2020 年 12 月 29 日，最高人民法院公布了《最高人民法院关于修改〈最高人民法院关于破产企业国有划拨土地使用权应否列入破产财产等问题的批复〉等二十九件商事类司法解释的决定》。继上辑内容，本辑刊登了该司法解释剩余部分内容。

为加强对商业银行通过互联网开展个人存款业务的监督管理，维护市场秩序，防范金融风险，保护消费者合法权益，中国银保监会办公厅与中国人民银行办公厅于 2021 年 1 月 13 日印发了《关于规范商业银行通过互联网开展个人存款业务有关事项的通知》。本辑刊登了该通知及其解读文章。

2020 年 12 月 7 日，天津市高级人民法院公布了《关于全面推进金融纠纷多元化解工作的实施意见》，以向当事人提供更多可供选择的金融纠纷解决方式，促使非诉讼纠纷解决方式更加便捷高效，提升金融纠纷化解效率，有效防范化解金融风险。本辑刊登了该意见。

2019 年 12 月 18 日，中国香港特别行政区高等法院夏利士法官签署命令，批准上海华信国际集团有限公司破产清算案联合管理人提交的申请，承认该案内地破产清算程序和管理人资格，并予以提供普通法下的司法协助，中止个别债权人在香港提起的针对上海华信国际集团有限公司的法律程序。这是香港特别行政区法院首次认可内地破产程序及管理人的案件，引起国内外破产法学界和实务界的高度关注，为两地签署跨境破产合作文件提供了实践样本，具有里程碑意义。本辑刊登了对该案的评析文章。

《最新法律文件解读》丛书

编　辑　部

兰丽专　（010）67550626

丁丽娜　（010）67550608

张　奎　（010）67550673

路建华　（010）67550660

杨晓燕　（010）67550508

执行编辑　路建华

邮　　箱　shangshijiedu@ 126. com

目录

法律、法律性文件与解读

司法解释、司法指导性文件与解读

部门规章、部门规章性文件与解读

地方司法业务文件与解读

新类型疑难案例选评

法律、法律性文件与解读

全国人民代表大会常务委员会
关于设立北京金融法院的决定

（2021年1月22日第十三届全国人民代表大会常务委员会第二十五次会议通过）

为实施国家金融战略，维护金融安全，健全金融审判体系，加大金融司法保护力度，营造良好金融法治环境，根据宪法和人民法院组织法，特作如下决定：

一、设立北京金融法院。

北京金融法院审判庭的设置，由最高人民法院根据金融案件的类型和数量决定。

二、北京金融法院专门管辖以下案件：

（一）应由北京市的中级人民法院管辖的第一审金融民商事案件；

（二）应由北京市的中级人民法院管辖的以金融监管机构为被告的第一审涉金融行政案件；

（三）以住所地在北京市的金融基础设施机构为被告或者第三人，与其履行职责相关的第一审金融民商事案件和涉金融行政案件；

（四）北京市基层人民法院第一审金融民商事案件和涉金融行政案件判决、裁定的上诉、抗诉案件以及再审案件；

（五）依照法律规定应由其执行的案件；

（六）最高人民法院确定由其管辖的其他金融案件。

北京金融法院第一审判决、裁定的上诉案件，由北京市高级人民法院审理。

三、北京金融法院对北京市人民代表大会常务委员会负责并报告工作。

北京金融法院审判工作受最高人民法院和北京市高级人民法院监督。北京金融法院依法接受人民检察院法律监督。

四、北京金融法院院长由北京市人民代表大会常务委员会主任会议提请北京市人民代表大会常务委员会任免。

北京金融法院副院长、审判委员会委员、庭长、副庭长、审判员由北京金融法院院长提请北京市人民代表大会常务委员会任免。

五、本决定自2021年1月23日起施行。

司法解释、司法指导性文件与解读

（接上辑）

最高人民法院

关于适用《中华人民共和国企业破产法》若干问题的规定（三）

（2019年2月25日最高人民法院审判委员会第1762次会议通过 根据2020年12月23日最高人民法院审判委员会第1823次会议通过的《最高人民法院关于修改〈最高人民法院关于破产企业国有划拨土地使用权应否列入破产财产等问题的批复〉等二十九件商事类司法解释的决定》修正）

为正确适用《中华人民共和国企业破产法》，结合审判实践，就人民法院审理企业破产案件中有关债权人权利行使等相关法律适用问题，制定本规定。

第一条 人民法院裁定受理破产申请的，此前债务人尚未支付的公司强制清算费用、未终结的执行程序中产生的评估费、公告费、保管费等执行费用，可以参照企业破产法关于破产费用的规定，由债务人财产随时清偿。

此前债务人尚未支付的案件受理费、执行申请费，可以作为破产债权清偿。

第二条 破产申请受理后，经债权人会议决议通过，或者第一次债权人会议召开前经人民法院许可，管理人或者自行管理的债务人可以为债务人继续营业而借款。提供借款的债权人主张参照企业破产法第四十二条第四项的规定优先于普通破产债权清偿的，人民法院应予支持，但其主张优先于此前已就债务人特定财产享有担保的债权清偿的，人民法院不予支持。

管理人或者自行管理的债务人可以为前述借款设定抵押担保，抵押物在破产申请受理前已为其他债权人设定抵押的，债权人主张按照民法典第四百一十四条规定的顺序清偿，人民法院应予支持。

第三条 破产申请受理后，债务人欠缴款项产生的滞纳金，包括债务人未履行生效法律文书应当加倍支付的迟延利息和劳动保险金的滞纳金，债权人作为破产债权申报的，人民法院不予确认。

第四条 保证人被裁定进入破产程序的，债权人有权申报其对保证人的保证债权。

主债务未到期的，保证债权在保证人破产申请受理时视为到期。一般保证的保证人主张行使先诉抗辩权的，人民法院不予支持，但债权人在一般保证人破产程序中的分配额应予提存，待一般保证人应承担的保证责任确定后再按照破产清偿比例予以分配。

保证人被确定应当承担保证责任的，保证人的管理人可以就保证人实际承担的清偿额向主债务人或其他债务人行使求偿权。

第五条 债务人、保证人均被裁定进入破产程序的，债权人有权向债务人、保证人分别申报债权。

债权人向债务人、保证人均申报全部债权的，从一方破产程序中获得清偿后，其对另一方的债权额不作调整，但债权人的受偿额不得超出其债权总额。保证人履行保证责任后不再享有求偿权。

第六条 管理人应当依照企业破产法第五十七条的规定对所申报的债权进行登记造册，详尽记载申报人的姓名、单位、代理人、申报债权额、担保情况、证据、联系方式等事项，形成债权申报登记册。

管理人应当依照企业破产法第五十七条的规定对债权的性质、数额、担保财产、是否超过诉讼时效期间、是否超过强制执行期间等情况进行审查、编制债权表并提交债权人会议核查。

债权表、债权申报登记册及债权申报材料在破产期间由管理人保管，债权人、债务人、债务人职工及其他利害关系人有权查阅。

第七条 已经生效法律文书确定的债权，管理人应当予以确认。

管理人认为债权人据以申报债权的生效法律文书确定的债权错误，或者有证据证明债权人与债务人恶意通过诉讼、仲裁或者公证机关赋予强制执行力公证文书的形式虚构债权债务的，应当依法通过审判监督程序向作出该判决、裁定、调解书的人民法院或者上一级人民法院申请撤销生效法律文书，或者向受理破产申请的人民法院申请撤销或者不予执行仲裁裁决、不予执行公证债权文书后，重新确定债权。

第八条 债务人、债权人对债权表记载的债权有异议的，应当说明理由和法律依据。经管理人解释或调整后，异议人仍然不服的，或者管理人不予解释或调整的，异议人应当在债权人会议核查结束后十五日内向人民法院提起债权确认的诉讼。当事人之间在破产申请受理前订立有仲裁条款或仲裁协议的，应当向选定的仲裁机构申请确认债权债务关系。

第九条 债务人对债权表记载的债权有异议向人民法院提起诉讼的，应将被异议债权人列为被告。债权人对债权表记载的他人债权有异议的，应将被异议债权人列为被告；债权人对债权表记载的本人债权有异议的，应将债务人列为被告。

对同一笔债权存在多个异议人，其他异议人申请参加诉讼的，应当列为共同原告。

第十条 单个债权人有权查阅债务人财产状况报告、债权人会议决议、债权人委员会决议、管理人监督报告等参与破产程序所必需的债务人财务和经营信息资料。管理人无正当理由不予提供的，债权人可以请求人民法院作出决定；人民法院应当在五日内作出决定。

上述信息资料涉及商业秘密的，债权人应当依法承担保密义务或者签署保密协议；涉及国家秘密的应当依照相关法律规定处理。

第十一条 债权人会议的决议除现场表决外，可以由管理人事先将相关决议事项告知债权人，采取通信、网络投票等非现场方式进行表决。采取非现场方式进行表决的，管理人应当在债权人会议召开后的三日内，以信函、电子邮件、公告等方式将表决结果告知参与表决的债权人。

根据企业破产法第八十二条规定，对重整计划草案进行分组表决时，权益因重整计划草案受到调整或者影响的债权人或者股东，有权参加表决；权益未受到调整或者影响的债权人或者股东，参照企业破产法第八十三条的规定，不参加重整计划草案的表决。

第十二条 债权人会议的决议具有以下情形之一，损害债权人利益，债权人申请撤销的，人民法院应予支持：

（一）债权人会议的召开违反法定程序；

（二）债权人会议的表决违反法定程序；

（三）债权人会议的决议内容违法；

（四）债权人会议的决议超出债权人会议的职权范围。

人民法院可以裁定撤销全部或者部分事项决议，责令债权人会议依法重新作出决议。

债权人申请撤销债权人会议决议的，应当提出书面申请。债权人会议采取通信、网络投票等非现场方式进行表决的，债权人申请撤销的期限自债权人收到通知之日起算。

第十三条 债权人会议可以依照企业破产法第六十八条第一款第四

项的规定，委托债权人委员会行使企业破产法第六十一条第一款第二、三、五项规定的债权人会议职权。债权人会议不得作出概括性授权，委托其行使债权人会议所有职权。

第十四条 债权人委员会决定所议事项应获得全体成员过半数通过，并作成议事记录。债权人委员会成员对所议事项的决议有不同意见的，应当在记录中载明。

债权人委员会行使职权应当接受债权人会议的监督，以适当的方式向债权人会议及时汇报工作，并接受人民法院的指导。

第十五条 管理人处分企业破产法第六十九条规定的债务人重大财产的，应当事先制作财产管理或者变价方案并提交债权人会议进行表决，债权人会议表决未通过的，管理人不得处分。

管理人实施处分前，应当根据企业破产法第六十九条的规定，提前十日书面报告债权人委员会或者人民法院。债权人委员会可以依照企业破产法第六十八条第二款的规定，要求管理人对处分行为作出相应说明或者提供有关文件依据。

债权人委员会认为管理人实施的处分行为不符合债权人会议通过的财产管理或变价方案的，有权要求管理人纠正。管理人拒绝纠正的，债权人委员会可以请求人民法院作出决定。

人民法院认为管理人实施的处分行为不符合债权人会议通过的财产管理或变价方案的，应当责令管理人停止处分行为。管理人应当予以纠正，或者提交债权人会议重新表决通过后实施。

第十六条 本规定自2019年3月28日起实施。

实施前本院发布的有关企业破产的司法解释，与本规定相抵触的，自本规定实施之日起不再适用。

最高人民法院

关于审理期货纠纷案件若干问题的规定

（2003年5月16日最高人民法院审判委员会第1270次会议通过
根据2020年12月23日最高人民法院审判委员会第1823次会议通过的《最高人民法院关于修改〈最高人民法院关于破产企业国有划拨土地使用权应否列入破产财产等问题的批复〉等二十九件商事类司法解释的决定》修正）

为了正确审理期货纠纷案件，根据《中华人民共和国民法典》《中华人民共和国民事诉讼法》等有关法律、行政法规的规定，结合审判实践经验，对审理期货纠纷案件的若干问题制定本规定。

一、一般规定

第一条 人民法院审理期货纠纷案件，应当依法保护当事人的合法权益，正确确定其应承担的风险责任，并维护期货市场秩序。

第二条 人民法院审理期货合同纠纷案件，应当严格按照当事人在合同中的约定确定违约方承担的责任，当事人的约定违反法律、行政法规强制性规定的除外。

第三条 人民法院审理期货侵权纠纷和无效的期货交易合同纠纷案件，应当根据各方当事人是否有过错，以及过错的性质、大小，过错和损失之间的因果关系，确定过错方承担的民事责任。

二、管辖

第四条 人民法院应当依据民事诉讼法第二十三条、第二十八条和第三十四条的规定确定期货纠纷案件的管辖。

第五条 在期货公司的分公司、营业部等分支机构进行期货交易的，该分支机构住所地为合同履行地。

因实物交割发生纠纷的，期货交易所住所地为合同履行地。

第六条 侵权与违约竞合的期货纠纷案件，依当事人选择的诉由确定管辖。当事人既以违约又以侵权起诉的，以当事人起诉状中在先的诉讼请求确定管辖。

第七条 期货纠纷案件由中级人民法院管辖。

高级人民法院根据需要可以确定部分基层人民法院受理期货纠纷案件。

三、承担责任的主体

第八条 期货公司的从业人员在本公司经营范围内从事期货交易行为产生的民事责任，由其所在的期货公司承担。

第九条 期货公司授权非本公司人员以本公司的名义从事期货交易行为的，期货公司应当承担由此产生的民事责任；非期货公司人员以期货公司名义从事期货交易行为，具备民法典第一百七十二条所规定的表见代理条件的，期货公司应当承担由此产生的民事责任。

第十条 公民、法人受期货公司或者客户的委托，作为居间人为其提供订约的机会或者订立期货经纪合同的中介服务的，期货公司或者客户应当按照约定向居间人支付报酬。居间人应当独立承担基于居间经纪关系所产生的民事责任。

第十一条 不以真实身份从事期货交易的单位或者个人，交易行为符合期货交易所交易规则的，交易结果由其自行承担。

第十二条 期货公司设立的取得营业执照和经营许可证的分公司、营业部等分支机构超出经营范围开展经营活动所产生的民事责任，该分支机构不能承担的，由期货公司承担。

客户有过错的，应当承担相应的民事责任。

四、无效合同责任

第十三条 有下列情形之一的，应当认定期货经纪合同无效：

（一）没有从事期货经纪业务的主体资格而从事期货经纪业务的；

（二）不具备从事期货交易主体资格的客户从事期货交易的；

（三）违反法律、行政法规的强制性规定的。

第十四条 因期货经纪合同无效给客户造成经济损失的，应当根据无效行为与损失之间的因果关系确定责任的承担。一方的损失系对方行为所致，应当由对方赔偿损失；双方有过错的，根据过错大小各自承担相应的民事责任。

第十五条 不具有主体资格的经营机构因从事期货经纪业务而导致期货经纪合同无效，该机构按客户的交易指令入市交易的，收取的佣金应当返还给客户，交易结果由客户承担。

该机构未按客户的交易指令入市交易，客户没有过错的，该机构应当返还客户的保证金并赔偿客户的损失。赔偿损失的范围包括交易手续费、税金及利息。

五、交易行为责任

第十六条 期货公司在与客户订立期货经纪合同时，未提示客户注意《期货交易风险说明书》内容，并由客户签字或者盖章，对于客户在交易中的损失，应当依据民法典第五百条第三项的规定承担相应的赔偿责任。但是，根据以往交易结果记载，证明客户已有交易经历的，应当免除期货公司的责任。

第十七条 期货公司接受客户全权委托进行期货交易的，对交易产生的损失，承担主要赔偿责任，赔偿额不超过损失的百分之八十，法律、行政法规另有规定的除外。

第十八条 期货公司与客户签订的期货经纪合同对下达交易指令的方式未作约定或者约定不明确的，期货公司不能证明其所进行的交易是依据客户交易指令进行的，对该交易造成客户的损失，期货公司应当承担赔偿责任，客户予以追认的除外。

第十九条 期货公司执行非受托人的交易指令造成客户损失，应当由期货公司承担赔偿责任，非受托人承担连带责任，客户予以追认的除外。

第二十条 客户下达的交易指令没有品种、数量、买卖方向的，期货公司未予拒绝而进行交易造成客户的损失，由期货公司承担赔偿责任，客户予以追认的除外。

第二十一条 客户下达的交易指令数量和买卖方向明确，没有有效期限的，应当视为当日有效；没有成交价格的，应当视为按市价交易；没有开平仓方向的，应当视为开仓交易。

第二十二条 期货公司错误执行客户交易指令，除客户认可的以外，交易的后果由期货公司承担，并按下列方式分别处理：

（一）交易数量发生错误的，多于指令数量的部分由期货公司承担，少于指令数量的部分，由期货公司补足或者赔偿直接损失；

（二）交易价格超出客户指令价位范围的，交易差价损失或者交易结果由期货公司承担。

第二十三条 期货公司不当延误执行客户交易指令给客户造成损失的，应当承担赔偿责任，但由于市场原因致客户交易指令未能全部或者部分成交的，期货公司不承担责任。

第二十四条 期货公司超出客户指令价位的范围，将高于客户指令价格卖出或者低于客户指令价格买入后的差价利益占为己有的，客户要求期货公司返还的，人民法院应予支持，期货公司与客户另有约定的除外。

第二十五条 期货交易所未按交易规则规定的期限、方式，将交易或者持仓头寸的结算结果通知期货公司，造成期货公司损失的，由期货交易所承担赔偿责任。

期货公司未按期货经纪合同约定的期限、方式，将交易或者持仓头寸的结算结果通知客户，造成客户损失的，由期货公司承担赔偿责任。

第二十六条 期货公司与客户对交易结算结果的通知方式未作约定或者约定不明确，期货公司未能提供证据证明已经发出上述通知的，对客户因继续持仓而造成扩大的损失，应当承担主要赔偿责任，赔偿额不超过损失的百分之八十。

第二十七条 客户对当日交易结算结果的确认，应当视为对该日之前所有持仓和交易结算结果的确认，所产生的交易后果由客户自行承担。

第二十八条 期货公司对交易结算结果提出异议，期货交易所未及时采取措施导致损失扩大的，对造成期货公司扩大的损失应当承担赔偿责任。

客户对交易结算结果提出异议，期货公司未及时采取措施导致损失扩大的，期货公司对造成客户扩大的损失应当承担赔偿责任。

第二十九条 期货公司对期货交易所或者客户对期货公司的交易结算结果有异议，而未在期货交易所交易规则规定或者期货经纪合同约定的时间内提出的，视为期货公司或者客户对交易结算结果已予以确认。

第三十条 期货公司进行混码交易的，客户不承担责任，但期货公司能够举证证明其已按照客户交易指令入市交易的，客户应当承担相应的交易结果。

六、透支交易责任

第三十一条 期货交易所在期货公司没有保证金或者保证金不足的情况下，允许期货公司开仓交易或者继续持仓，应当认定为透支交易。

期货公司在客户没有保证金或者保证金不足的情况下，允许客户开仓交易或者继续持仓，应当认定为透支交易。

审查期货公司或者客户是否透支交易，应当以期货交易所规定的保证金比例为标准。

第三十二条 期货公司的交易保证金不足，期货交易所未按规定通知期货公司追加保证金的，由于行情向持仓不利的方向变化导致期货公司透支发生的扩大损失，期货交易所应当承担主要赔偿责任，赔偿额不超过损失的百分之六十。

客户的交易保证金不足，期货公司未按约定通知客户追加保证金的，由于行情向持仓不利的方向变化导致客户透支发生的扩大损失，期货公司应当承担主要赔偿责任，赔偿额不超过损失的百分之八十。

第三十三条 期货公司的交易保证金不足，期货交易所履行了通知义务，而期货公司未及时追加保证金，期货公司要求保留持仓并经书面协商一致的，对保留持仓期间造成的损失，由期货公司承担；穿仓造成的损失，由期货交易所承担。

客户的交易保证金不足，期货公司履行了通知义务而客户未及时追加保证金，客户要求保留持仓并经书面协商一致的，对保留持仓期间造成的损失，由客户承担；穿仓造成的损失，由期货公司承担。

第三十四条 期货交易所允许期货公司开仓透支交易的，对透支交易造成的损失，由期货交易所承担主要赔偿责任，赔偿额不超过损失的百分之六十。

期货公司允许客户开仓透支交易的，对透支交易造成的损失，由期货公司承担主要赔偿责任，赔偿额不超过损失的百分之八十。

第三十五条 期货交易所允许期货公司透支交易，并与其约定分享利益，共担风险的，对透支交易造成的损失，期货交易所承担相应的赔偿责任。

期货公司允许客户透支交易，并与其约定分享利益，共担风险的，对透支交易造成的损失，期货公司承担相应的赔偿责任。

七、强行平仓责任

第三十六条 期货公司的交易保证金不足，又未能按期货交易所规定的时间追加保证金的，按交易规则的规定处理；规定不明确的，期货交易所有权就其未平仓的期货合约强行平仓，强行平仓所造成的损失，由期货公司承担。

客户的交易保证金不足，又未能按期货经纪合同约定的时间追加保证金的，按期货经纪合同的约定处理；约定不明确的，期货公司有权就其未平仓的期货合约强行平仓，强行平仓造成的损失，由客户承担。

第三十七条 期货交易所因期货公司违规超仓或者其他违规行为而必须强行平仓的，强行平仓所造成的损失，由期货公司承担。

期货公司因客户违规超仓或者其他违规行为而必须强行平仓的，强行平仓所造成的损失，由客户承担。

第三十八条 期货公司或者客户交易保证金不足，符合强行平仓条件后，应当自行平仓而未平仓造成的扩大损失，由期货公司或者客户自行承担。法律、行政法规另有规定或者当事人另有约定的除外。

第三十九条 期货交易所或者期货公司强行平仓数额应当与期货公司或者客户需追加的保证金数额基本相当。因超量平仓引起的损失，由强行平仓者承担。

第四十条 期货交易所对期货公司、期货公司对客户未按期货交易所交易规则规定或者期货经纪合同约定的强行平仓条件、时间、方式进行强行平仓，造成期货公司或者客户损失的，期货交易所或者期货公司应当承担赔偿责任。

第四十一条 期货交易所依法或依交易规则强行平仓发生的费用，由被平仓的期货公司承担；期货公司承担责任后有权向有过错的客户追偿。

期货公司依法或依约定强行平仓所发生的费用，由客户承担。

八、实物交割责任

第四十二条 交割仓库未履行货物验收职责或者因保管不善给仓单持有人造成损失的，应当承担赔偿责任。

第四十三条 期货公司没有代客户履行申请交割义务的，应当承担违约责任；造成客户损失的，应当承担赔偿责任。

第四十四条 在交割日，卖方期货公司未向期货交易所交付标准仓单，或者买方期货公司未向期货交易所账户交付足额货款，构成交割违约。

构成交割违约的，违约方应当承担违约责任；具有民法典第五百六十三条第一款第四项规定情形的，对方有权要求终止交割或者要求违约方继续交割。

征购或者竞卖失败的，应当由违约方按照交易所有关赔偿办法的规定承担赔偿责任。

第四十五条 在期货合约交割期内，买方或者卖方客户违约的，期货交易所应当代期货公司、期货公司应当代客户向对方承担违约责任。

第四十六条 买方客户未在期货交易所交易规则规定的期限内对货物的质量、数量提出异议的，应视为其对货物的数量、质量无异议。

第四十七条 交割仓库不能在期货交易所交易规则规定的期限内，向标准仓单持有人交付符合期货合约要求的货物，造成标准仓单持有人损失的，交割仓库应当承担责任，期货交易所承担连带责任。

期货交易所承担责任后，有权向交割仓库追偿。

九、保证合约履行责任

第四十八条 期货公司未按照每日无负债结算制度的要求，履行相应的金钱给付义务，期货交易所亦未代期货公司履行，造成交易对方损失的，期货交易所应当承担赔偿责任。

期货交易所代期货公司履行义务或者承担赔偿责任后，有权向不履行义务的一方追偿。

第四十九条 期货交易所未代期货公司履行期货合约，期货公司应当根据客户请求向期货交易所主张权利。

期货公司拒绝代客户向期货交易所主张权利的，客户可直接起诉期货交易所，期货公司可作为第三人参加诉讼。

第五十条 因期货交易所的过错导致信息发布、交易指令处理错误，造成期货公司或者客户直接经济损失的，期货交易所应当承担赔偿责任，但其能够证明系不可抗力的除外。

第五十一条 期货交易所依据有关规定对期货市场出现的异常情况采取合理的紧急措施造成客户损失的，期货交易所不承担赔偿责任。

期货公司执行期货交易所的合理的紧急措施造成客户损失的，期货公司不承担赔偿责任。

十、侵权行为责任

第五十二条 期货交易所、期货公司故意提供虚假信息误导客户下单的，由此造成客户的经济损失由期货交易所、期货公司承担。

第五十三条 期货公司私下对冲、与客户对赌等不将客户指令入市交易的行为，应当认定为无效，期货公司应当赔偿由此给客户造成的经济损失；期货公司与客户均有过错的，应当根据过错大小，分别承担相应的赔偿责任。

第五十四条 期货公司擅自以客户的名义进行交易，客户对交易结果不予追认的，所造成的损失由期货公司承担。

第五十五条 期货公司挪用客户保证金，或者违反有关规定划转客户保证金造成客户损失的，应当承担赔偿责任。

十一、举证责任

第五十六条 期货公司应当对客户的交易指令是否入市交易承担举证责任。

确认期货公司是否将客户下达的交易指令入市交易，应当以期货交易所的交易记录、期货公司通知的交易结算结果与客户交易指令记录中的品种、买卖方向是否一致，价格、交易时间是否相符为标准，指令交易数量可以作为参考。但客户有相反证据证明其交易指令未入市交易的除外。

第五十七条 期货交易所通知期货公司追加保证金，期货公司否认收到上述通知的，由期货交易所承担举证责任。

期货公司向客户发出追加保证金的通知，客户否认收到上述通知的，由期货公司承担举证责任。

十二、保全和执行

第五十八条 人民法院保全与会员资格相应的会员资格费或者交易席位，应当依法裁定不得转让该会员资格，但不得停止该会员交易席位的使用。人民法院在执行过程中，有权依法采取强制措施转让该交易席位。

第五十九条 期货交易所、期货公司为债务人的，人民法院不得冻结、划拨期货公司在期货交易所或者客户在期货公司保证金账户中的资金。

有证据证明该保证金账户中有超出期货公司、客户权益资金的部分，期货交易所、期货公司在人民法院指定的合理期限内不能提出相反证据的，人民法院可以依法冻结、划拨该账户中属于期货交易所、期货公司的自有资金。

第六十条 期货公司为债务人的，人民法院不得冻结、划拨专用结算账户中未被期货合约占用的用于担保期货合约履行的最低限额的结算准备金；期货公司已经结清所有持仓并清偿客户资金的，人民法院可以对结算准备金依法予以冻结、划拨。

期货公司有其他财产的，人民法院应当依法先行冻结、查封、执行期货公司的其他财产。

第六十一条 客户、自营会员为债务人的，人民法院可以对其保证金、持仓依法采取保全和执行措施。

十三、其他

第六十二条 本规定所称期货公司是指经依法批准代理投资者从事期货交易业务的经营机构及其分公司、营业部等分支机构。客户是指委托期货公司从事期货交易的投资者。

第六十三条 本规定自2003年7月1日起施行。

2003年7月1日前发生的期货交易行为或者侵权行为，适用当时的有关规定；当时规定不明确的，参照本规定处理。

最高人民法院
关于审理期货纠纷案件若干问题的规定（二）

（2010年12月27日最高人民法院审判委员会第1507次会议通过
根据2020年12月23日最高人民法院审判委员会第1823次会议
通过的《最高人民法院关于修改〈最高人民法院关于破产企业
国有划拨土地使用权应否列入破产财产等问题的批复〉
等二十九件商事类司法解释的决定》修正）

为解决相关期货纠纷案件的管辖、保全与执行等法律适用问题，根据《中华人民共和国民事诉讼法》等有关法律、行政法规的规定以及审判实践的需要，制定本规定。

第一条 以期货交易所为被告或者第三人的因期货交易所履行职责引起的商事案件，由期货交易所所在地的中级人民法院管辖。

第二条 期货交易所履行职责引起的商事案件是指：

（一）期货交易所会员及其相关人员、保证金存管银行及其相关人员、客户、其他期货市场参与者，以期货交易所违反法律法规以及国务院期货监督管理机构的规定，履行监督管理职责不当，造成其损害为由提起的商事诉讼案件；

（二）期货交易所会员及其相关人员、保证金存管银行及其相关人员、客户、其他期货市场参与者，以期货交易所违反其章程、交易规则、实施细则的规定以及业务协议的约定，履行监督管理职责不当，造成其损害为由提起的商事诉讼案件；

（三）期货交易所因履行职责引起的其他商事诉讼案件。

第三条 期货交易所为债务人，债权人请求冻结、划拨以下账户中资金或者有价证券的，人民法院不予支持：

（一）期货交易所会员在期货交易所保证金账户中的资金；

（二）期货交易所会员向期货交易所提交的用于充抵保证金的有价证券。

第四条 期货公司为债务人，债权人请求冻结、划拨以下账户中资金或者有价证券的，人民法院不予支持：

（一）客户在期货公司保证金账户中的资金；

（二）客户向期货公司提交的用于充抵保证金的有价证券。

第五条 实行会员分级结算制度的期货交易所的结算会员为债务人，债权人请求冻结、划拨结算会员以下资金或者有价证券的，人民法院不予支持：

（一）非结算会员在结算会员保证金账户中的资金；

（二）非结算会员向结算会员提交的用于充抵保证金的有价证券。

第六条 有证据证明保证金账户中有超过上述第三条、第四条、第五条规定的资金或者有价证券部分权益的，期货交易所、期货公司或者期货交易所结算会员在人民法院指定的合理期限内不能提出相反证据的，人民法院可以依法冻结、划拨超出部分的资金或者有价证券。

有证据证明期货交易所、期货公司、期货交易所结算会员自有资金与保证金发生混同，期货交易所、期货公司或者期货交易所结算会员在人民法院指定的合理期限内不能提出相反证据的，人民法院可以依法冻结、划拨相关账户内的资金或者有价证券。

第七条 实行会员分级结算制度的期货交易所或者其结算会员为债务人，债权人请求冻结、划拨期货交易所向其结算会员依法收取的结算担保金的，人民法院不予支持。

有证据证明结算会员在结算担保金专用账户中有超过交易所要求的结算担保金数额部分的，结算会员在人民法院指定的合理期限内不能提出相反证据的，人民法院可以依法冻结、划拨超出部分的资金。

第八条 人民法院在办理案件过程中，依法需要通过期货交易所、期货公司查询、冻结、划拨资金或者有价证券的，期货交易所、期货公司应当予以协助。应当协助而拒不协助的，按照《中华人民共和国民事诉讼法》第一百一十四条之规定办理。

第九条 本规定施行前已经受理的上述案件不再移送。

第十条 本规定施行前本院作出的有关司法解释与本规定不一致的，以本规定为准。

最高人民法院
关于审理信用证纠纷案件若干问题的规定

（2005 年 10 月 24 日最高人民法院审判委员会第 1368 次会议通过
根据 2020 年 12 月 23 日最高人民法院审判委员会第 1823 次会议通过的《最高人民法院关于修改〈最高人民法院关于破产企业国有划拨土地使用权应否列入破产财产等问题的批复〉等二十九件商事类司法解释的决定》修正）

根据《中华人民共和国民法典》《中华人民共和国涉外民事关系法律适用法》《中华人民共和国民事诉讼法》等法律，参照国际商会《跟单信用证统一惯例》等相关国际惯例，结合审判实践，就审理信用证纠纷案件的有关问题，制定本规定。

第一条 本规定所指的信用证纠纷案件，是指在信用证开立、通知、修改、撤销、保兑、议付、偿付等环节产生的纠纷。

第二条 人民法院审理信用证纠纷案件时，当事人约定适用相关国际惯例或者其他规定的，从其约定；当事人没有约定的，适用国际商会《跟单信用证统一惯例》或者其他相关国际惯例。

第三条 开证申请人与开证行之间因申请开立信用证而产生的欠款纠纷、委托人和受托人之间因委托开立信用证产生的纠纷、担保人为申请开立信用证或者委托开立信用证提供担保而产生的纠纷以及信用证项下融资产生的纠纷，适用本规定。

第四条 因申请开立信用证而产生的欠款纠纷、委托开立信用证纠纷和因此产生的担保纠纷以及信用证项下融资产生的纠纷应当适用中华人民共和国相关法律。涉外合同当事人对法律适用另有约定的除外。

第五条 开证行在作出付款、承兑或者履行信用证项下其他义务的承诺后，只要单据与信用证条款、单据与单据之间在表面上相符，开证行应当履行在信用证规定的期限内付款的义务。当事人以开证申请人与受益人之间的基础交易提出抗辩的，人民法院不予支持。具有本规定第八条的情形除外。

第六条 人民法院在审理信用证纠纷案件中涉及单证审查的，应当根据当事人约定适用的相关国际惯例或者其他规定进行；当事人没有约定的，应当按照国际商会《跟单信用证统一惯例》以及国际商会确定的相关标准，认定单据与信用证条款、单据与单据之间是否在表面上相符。

信用证项下单据与信用证条款之间、单据与单据之间在表面上不完全一致，但并不导致相互之间产生歧义的，不应认定为不符点。

第七条 开证行有独立审查单据的权利和义务，有权自行作出单据与信用证条款、单据与单据之间是否在表面上相符的决定，并自行决定接受或者拒绝接受单据与信用证条款、单据与单据之间的不符点。

开证行发现信用证项下存在不符点后，可以自行决定是否联系开证申请人接受不符点。开证申请人决定是否接受不符点，并不影响开证行最终决定是否接受不符点。开证行和开证申请人另有约定的除外。

开证行向受益人明确表示接受不符点的，应当承担付款责任。

开证行拒绝接受不符点时，受益人以开证申请人已接受不符点为由要求开证行承担信用证项下付款责任的，人民法院不予支持。

第八条 凡有下列情形之一的，应当认定存在信用证欺诈：

（一）受益人伪造单据或者提交记载内容虚假的单据；

（二）受益人恶意不交付货物或者交付的货物无价值；

（三）受益人和开证申请人或者其他第三方串通提交假单据，而没有真实的基础交易；

（四）其他进行信用证欺诈的情形。

第九条 开证申请人、开证行或者其他利害关系人发现有本规定第八条的情形，并认为将会给其造成难以弥补的损害时，可以向有管辖权的人民法院申请中止支付信用证项下的款项。

第十条 人民法院认定存在信用证欺诈的，应当裁定中止支付或者判决终止支付信用证项下款项，但有下列情形之一的除外：

（一）开证行的指定人、授权人已按照开证行的指令善意地进行了付款；

（二）开证行或者其指定人、授权人已对信用证项下票据善意地作出了承兑；

（三）保兑行善意地履行了付款义务；

（四）议付行善意地进行了议付。

第十一条 当事人在起诉前申请中止支付信用证项下款项符合下列条件的，人民法院应予受理：

（一）受理申请的人民法院对该信用证纠纷案件享有管辖权；

（二）申请人提供的证据材料证明存在本规定第八条的情形；

（三）如不采取中止支付信用证项下款项的措施，将会使申请人的合法权益受到难以弥补的损害；

（四）申请人提供了可靠、充分的担保；

（五）不存在本规定第十条的情形。

当事人在诉讼中申请中止支付信用证项下款项的，应当符合前款第（二）、（三）、（四）、（五）项规定的条件。

第十二条 人民法院接受中止支付信用证项下款项申请后，必须在四十八小时内作出裁定；裁定中止支付的，应当立即开始执行。

人民法院作出中止支付信用证项下款项的裁定，应当列明申请人、被申请人和第三人。

第十三条 当事人对人民法院作出中止支付信用证项下款项的裁定有异议的，可以在裁定书送达之日起十日内向上一级人民法院申请复议。上一级人民法院应当自收到复议申请之日起十日内作出裁定。

复议期间，不停止原裁定的执行。

第十四条 人民法院在审理信用证欺诈案件过程中，必要时可以将信用证纠纷与基础交易纠纷一并审理。

当事人以基础交易欺诈为由起诉的，可以将与案件有关的开证行、议付行或者其他信用证法律关系的利害关系人列为第三人；第三人可以申请参加诉讼，人民法院也可以通知第三人参加诉讼。

第十五条 人民法院通过实体审理，认定构成信用证欺诈并且不存在本规定第十条的情形的，应当判决终止支付信用证项下的款项。

第十六条 保证人以开证行或者开证申请人接受不符点未征得其同意为由请求免除保证责任的，人民法院不予支持。保证合同另有约定的除外。

第十七条 开证申请人与开证行对信用证进行修改未征得保证人同

意的，保证人只在原保证合同约定的或者法律规定的期间和范围内承担保证责任。保证合同另有约定的除外。

第十八条 本规定自2006年1月1日起施行。

最高人民法院
关于审理独立保函纠纷案件若干问题的规定

（2016年7月11日最高人民法院审判委员会第1688次会议通过 根据2020年12月23日最高人民法院审判委员会第1823次会议通过的《最高人民法院关于修改〈最高人民法院关于破产企业国有划拨土地使用权应否列入破产财产等问题的批复〉等二十九件商事类司法解释的决定》修正）

为正确审理独立保函纠纷案件，切实维护当事人的合法权益，服务和保障“一带一路”建设，促进对外开放，根据《中华人民共和国民法典》《中华人民共和国涉外民事关系法律适用法》《中华人民共和国民事诉讼法》等法律，结合审判实际，制定本规定。

第一条 本规定所称的独立保函，是指银行或非银行金融机构作为开立人，以书面形式向受益人出具的，同意在受益人请求付款并提交符合保函要求的单据时，向其支付特定款项或在保函最高金额内付款的承诺。

前款所称的单据，是指独立保函载明的受益人应提交的付款请求书、违约声明、第三方签发的文件、法院判决、仲裁裁决、汇票、发票等表明发生付款到期事件的书面文件。

独立保函可以依保函申请人的申请而开立，也可以依另一金融机构的指示而开立。开立人依指示开立独立保函的，可以要求指示人向其开立用以保障追偿权的独立保函。

第二条 本规定所称的独立保函纠纷，是指在独立保函的开立、撤销、修改、转让、付款、追偿等环节产生的纠纷。

第三条 保函具有下列情形之一，当事人主张保函性质为独立保函的，人民法院应予支持，但保函未载明据以付款的单据和最高金额的除外：

（一）保函载明见索即付；

（二）保函载明适用国际商会《见索即付保函统一规则》等独立保函交易示范规则；

（三）根据保函文本内容，开立人的付款义务独立于基础交易关系及保函申请法律关系，其仅承担相符交单的付款责任。

当事人以独立保函记载了对应的基础交易为由，主张该保函性质为一般保证或连带保证的，人民法院不予支持。

当事人主张独立保函适用民法典关于一般保证或连带保证规定的，人民法院不予支持。

第四条 独立保函的开立时间为开立人发出独立保函的时间。

独立保函一经开立即生效，但独立保函载明生效日期或事件的除外。

独立保函未载明可撤销，当事人主张独立保函开立后不可撤销的，人民法院应予支持。

第五条 独立保函载明适用《见索即付保函统一规则》等独立保函交易示范规则，或开立人和受益人在一审法庭辩论终结前一致援引的，人民法院应当认定交易示范规则的内容构成独立保函条款的组成部分。

不具有前款情形，当事人主张独立保函适用相关交易示范规则的，人民法院不予支持。

第六条　受益人提交的单据与独立保函条款之间、单据与单据之间表面相符，受益人请求开立人依据独立保函承担付款责任的，人民法院应予支持。

开立人以基础交易关系或独立保函申请关系对付款义务提出抗辩的，人民法院不予支持，但有本规定第十二条情形的除外。

第七条　人民法院在认定是否构成表面相符时，应当根据独立保函载明的审单标准进行审查；独立保函未载明的，可以参照适用国际商会确定的相关审单标准。

单据与独立保函条款之间、单据与单据之间表面上不完全一致，但并不导致相互之间产生歧义的，人民法院应当认定构成表面相符。

第八条　开立人有独立审查单据的权利与义务，有权自行决定单据与独立保函条款之间、单据与单据之间是否表面相符，并自行决定接受或拒绝接受不符点。

开立人已向受益人明确表示接受不符点，受益人请求开立人承担付款责任的，人民法院应予支持。

开立人拒绝接受不符点，受益人以保函申请人已接受不符点为由请求开立人承担付款责任的，人民法院不予支持。

第九条　开立人依据独立保函付款后向保函申请人追偿的，人民法院应予支持，但受益人提交的单据存在不符点的除外。

第十条　独立保函未同时载明可转让和据以确定新受益人的单据，开立人主张受益人付款请求权的转让对其不发生效力的，人民法院应予支持。独立保函对受益人付款请求权的转让有特别约定的，从其约定。

第十一条　独立保函具有下列情形之一，当事人主张独立保函权利义务终止的，人民法院应予支持：

（一）独立保函载明的到期日或到期事件届至，受益人未提交符合独立保函要求的单据；

（二）独立保函项下的应付款项已经全部支付；

（三）独立保函的金额已减额至零；

（四）开立人收到受益人出具的免除独立保函项下付款义务的文件；

（五）法律规定或者当事人约定终止的其他情形。

独立保函具有前款权利义务终止的情形，受益人以其持有独立保函文本为由主张享有付款请求权的，人民法院不予支持。

第十二条 具有下列情形之一的，人民法院应当认定构成独立保函欺诈：

（一）受益人与保函申请人或其他人串通，虚构基础交易的；

（二）受益人提交的第三方单据系伪造或内容虚假的；

（三）法院判决或仲裁裁决认定基础交易债务人没有付款或赔偿责任的；

（四）受益人确认基础交易债务已得到完全履行或者确认独立保函载明的付款到期事件并未发生的；

（五）受益人明知其没有付款请求权仍滥用该权利的其他情形。

第十三条 独立保函的申请人、开立人或指示人发现有本规定第十二条情形的，可以在提起诉讼或申请仲裁前，向开立人住所地或其他对独立保函欺诈纠纷案件具有管辖权的人民法院申请中止支付独立保函项下的款项，也可以在诉讼或仲裁过程中提出申请。

第十四条 人民法院裁定中止支付独立保函项下的款项，必须同时具备下列条件：

（一）止付申请人提交的证据材料证明本规定第十二条情形的存在具有高度可能性；

（二）情况紧急，不立即采取止付措施，将给止付申请人的合法权益造成难以弥补的损害；

（三）止付申请人提供了足以弥补被申请人因止付可能遭受损失的担保。

止付申请人以受益人在基础交易中违约为由请求止付的，人民法院不予支持。

开立人在依指示开立的独立保函项下已经善意付款的，对保障该开立人追偿权的独立保函，人民法院不得裁定止付。

第十五条 因止付申请错误造成损失，当事人请求止付申请人赔偿的，人民法院应予支持。

第十六条 人民法院受理止付申请后，应当在四十八小时内作出书面裁定。裁定应当列明申请人、被申请人和第三人，并包括初步查明的事实和是否准许止付申请的理由。

裁定中止支付的，应当立即执行。

止付申请人在止付裁定作出后三十日内未依法提起独立保函欺诈纠纷诉讼或申请仲裁的，人民法院应当解除止付裁定。

第十七条 当事人对人民法院就止付申请作出的裁定有异议的，可以在裁定书送达之日起十日内向作出裁定的人民法院申请复议。复议期间不停止裁定的执行。

人民法院应当在收到复议申请后十日内审查，并询问当事人。

第十八条 人民法院审理独立保函欺诈纠纷案件或处理止付申请，可以就当事人主张的本规定第十二条的具体情形，审查认定基础交易的相关事实。

第十九条 保函申请人在独立保函欺诈诉讼中仅起诉受益人的，独立保函的开立人、指示人可以作为第三人申请参加，或由人民法院通知其参加。

第二十条 人民法院经审理独立保函欺诈纠纷案件，能够排除合理怀疑地认定构成独立保函欺诈，并且不存在本规定第十四条第三款情形的，应当判决开立人终止支付独立保函项下被请求的款项。

第二十一条 受益人和开立人之间因独立保函而产生的纠纷案件，由开立人住所地或被告住所地人民法院管辖，独立保函载明由其他法院管辖或提交仲裁的除外。当事人主张根据基础交易合同争议解决条款确定管辖法院或提交仲裁的，人民法院不予支持。

独立保函欺诈纠纷案件由被请求止付的独立保函的开立人住所地或被告住所地人民法院管辖，当事人书面协议由其他法院管辖或提交仲裁的除外。当事人主张根据基础交易合同或独立保函的争议解决条款确定管辖法院或提交仲裁的，人民法院不予支持。

第二十二条 涉外独立保函未载明适用法律，开立人和受益人在一审法庭辩论终结前亦未就适用法律达成一致的，开立人和受益人之间因涉外独立保函而产生的纠纷适用开立人经常居所地法律；独立保函由金融机构依法登记设立的分支机构开立的，适用分支机构登记地法律。

涉外独立保函欺诈纠纷，当事人就适用法律不能达成一致的，适用被请求止付的独立保函的开立人经常居所地法律；独立保函由金融机构依法登记设立的分支机构开立的，适用分支机构登记地法律；当事人有共同经常居所地的，适用共同经常居所地法律。

涉外独立保函止付保全程序，适用中华人民共和国法律。

第二十三条 当事人约定在国内交易中适用独立保函，一方当事人以独立保函不具有涉外因素为由，主张保函独立性的约定无效的，人民法院不予支持。

第二十四条 对于按照特户管理并移交开立人占有的独立保函开立保证金，人民法院可以采取冻结措施，但不得扣划。保证金账户内的款项丧失开立保证金的功能时，人民法院可以依法采取扣划措施。

开立人已履行对外支付义务的，根据该开立人的申请，人民法院应当解除对开立保证金相应部分的冻结措施。

第二十五条 本规定施行后尚未终审的案件，适用本规定；本规定施行前已经终审的案件，当事人申请再审或者人民法院按照审判监督程序再审的，不适用本规定。

第二十六条 本规定自 2016 年 12 月 1 日起施行。

最高人民法院

关于适用《中华人民共和国保险法》若干问题的解释（二）

（2013年5月6日最高人民法院审判委员会第1577次会议通过
根据2020年12月23日最高人民法院审判委员会第1823次会议
通过的《最高人民法院关于修改〈最高人民法院关于破产企业
国有划拨土地使用权应否列入破产财产等问题的批复〉
等二十九件商事类司法解释的决定》修正）

为正确审理保险合同纠纷案件，切实维护当事人的合法权益，根据《中华人民共和国民法典》《中华人民共和国保险法》《中华人民共和国民事诉讼法》等法律规定，结合审判实践，就保险法中关于保险合同一般规定部分有关法律适用问题解释如下：

第一条 财产保险中，不同投保人就同一保险标的分别投保，保险事故发生后，被保险人在其保险利益范围内依据保险合同主张保险赔偿的，人民法院应予支持。

第二条 人身保险中，因投保人对被保险人不具有保险利益导致保险合同无效，投保人主张保险人退还扣减相应手续费后的保险费的，人民法院应予支持。

第三条 投保人或者投保人的代理人订立保险合同时没有亲自签字

或者盖章，而由保险人或者保险人的代理人代为签字或者盖章的，对投保人不生效。但投保人已经交纳保险费的，视为其对代签字或者盖章行为的追认。

保险人或者保险人的代理人代为填写保险单证后经投保人签字或者盖章确认的，代为填写的内容视为投保人的真实意思表示。但有证据证明保险人或者保险人的代理人存在保险法第一百一十六条、第一百三十一条相关规定情形的除外。

第四条 保险人接受了投保人提交的投保单并收取了保险费，尚未作出是否承保的意思表示，发生保险事故，被保险人或者受益人请求保险人按照保险合同承担赔偿或者给付保险金责任，符合承保条件的，人民法院应予支持；不符合承保条件的，保险人不承担保险责任，但应当退还已经收取的保险费。

保险人主张不符合承保条件的，应承担举证责任。

第五条 保险合同订立时，投保人明知的与保险标的或者被保险人有关的情况，属于保险法第十六条第一款规定的投保人“应当如实告知”的内容。

第六条 投保人的告知义务限于保险人询问的范围和内容。当事人对询问范围及内容有争议的，保险人负举证责任。

保险人以投保人违反了对投保单询问表中所列概括性条款的如实告知义务为由请求解除合同的，人民法院不予支持。但该概括性条款有具体内容的除外。

第七条 保险人在保险合同成立后知道或者应当知道投保人未履行如实告知义务，仍然收取保险费，又依照保险法第十六条第二款的规定主张解除合同的，人民法院不予支持。

第八条 保险人未行使合同解除权，直接以存在保险法第十六条第四款、第五款规定的情形为由拒绝赔偿的，人民法院不予支持。但当事人就拒绝赔偿事宜及保险合同存续另行达成一致的情况除外。

第九条 保险人提供的格式合同文本中的责任免除条款、免赔额、免赔率、比例赔付或者给付等免除或者减轻保险人责任的条款，可以认定为保险法第十七条第二款规定的“免除保险人责任的条款”。

保险人因投保人、被保险人违反法定或者约定义务，享有解除合同权利的条款，不属于保险法第十七条第二款规定的“免除保险人责任的条款”。

第十条 保险人将法律、行政法规中的禁止性规定情形作为保险合同免责条款的免责事由，保险人对该条款作出提示后，投保人、被保险人或者受益人以保险人未履行明确说明义务为由主张该条款不成为合同内容的，人民法院不予支持。

第十一条 保险合同订立时，保险人在投保单或者保险单等其他保险凭证上，对保险合同中免除保险人责任的条款，以足以引起投保人注意的文字、字体、符号或者其他明显标志作出提示的，人民法院应当认定其履行了保险法第十七条第二款规定的提示义务。

保险人对保险合同中有关免除保险人责任条款的概念、内容及其法律后果以书面或者口头形式向投保人作出常人能够理解的解释说明的，人民法院应当认定保险人履行了保险法第十七条第二款规定的明确说明义务。

第十二条 通过网络、电话等方式订立的保险合同，保险人以网页、音频、视频等形式对免除保险人责任条款予以提示和明确说明的，人民法院可以认定其履行了提示和明确说明义务。

第十三条 保险人对其履行了明确说明义务负举证责任。

投保人对保险人履行了符合本解释第十一条第二款要求的明确说明义务在相关文书上签字、盖章或者以其他形式予以确认的，应当认定保险人履行了该项义务。但另有证据证明保险人未履行明确说明义务的除外。

第十四条 保险合同中记载的内容不一致的，按照下列规则认定：

（一）投保单与保险单或者其他保险凭证不一致的，以投保单为准。但不一致的情形系经保险人说明并经投保人同意的，以投保人签收的保险单或者其他保险凭证载明的内容为准；

（二）非格式条款与格式条款不一致的，以非格式条款为准；

（三）保险凭证记载的时间不同的，以形成时间在后的为准；

（四）保险凭证存在手写和打印两种方式的，以双方签字、盖章的手写部分的内容为准。

第十五条　保险法第二十三条规定的三十日核定期间，应自保险人初次收到索赔请求及投保人、被保险人或者受益人提供的有关证明和资料之日起算。

保险人主张扣除投保人、被保险人或者受益人补充提供有关证明和资料期间的，人民法院应予支持。扣除期间自保险人根据保险法第二十二条规定作出的通知到达投保人、被保险人或者受益人之日起，至投保人、被保险人或者受益人按照通知要求补充提供的有关证明和资料到达保险人之日止。

第十六条　保险人应以自己的名义行使保险代位求偿权。

根据保险法第六十条第一款的规定，保险人代位求偿权的诉讼时效期间应自其取得代位求偿权之日起算。

第十七条　保险人在其提供的保险合同格式条款中对非保险术语所作的解释符合专业意义，或者虽不符合专业意义，但有利于投保人、被保险人或者受益人的，人民法院应予认可。

第十八条　行政管理部门依据法律规定制作的交通事故认定书、火灾事故认定书等，人民法院应当依法审查并确认其相应的证明力，但有相反证据能够推翻的除外。

第十九条　保险事故发生后，被保险人或者受益人起诉保险人，保险人以被保险人或者受益人未要求第三者承担责任为由抗辩不承担保险责任的，人民法院不予支持。

财产保险事故发生后，被保险人就其所受损失从第三者取得赔偿后的不足部分提起诉讼，请求保险人赔偿的，人民法院应予依法受理。

第二十条 保险公司依法设立并取得营业执照的分支机构属于《中华人民共和国民事诉讼法》第四十八条规定的其他组织，可以作为保险合同纠纷案件的当事人参加诉讼。

第二十一条 本解释施行后尚未终审的保险合同纠纷案件，适用本解释；本解释施行前已经终审，当事人申请再审或者按照审判监督程序决定再审的案件，不适用本解释。

最高人民法院

关于适用《中华人民共和国保险法》若干问题的解释（三）

（2015年9月21日最高人民法院审判委员会第1661次会议通过
根据2020年12月23日最高人民法院审判委员会第1823次会议通过的《最高人民法院关于修改〈最高人民法院关于破产企业国有划拨土地使用权应否列入破产财产等问题的批复〉等二十九件商事类司法解释的决定》修正）

为正确审理保险合同纠纷案件，切实维护当事人的合法权益，根据《中华人民共和国民法典》《中华人民共和国保险法》《中华人民共和国民事诉讼法》等法律规定，结合审判实践，就保险法中关于保险合同章人身保险部分有关法律适用问题解释如下：

第一条 当事人订立以死亡为给付保险金条件的合同，根据保险法第三十四条的规定，“被保险人同意并认可保险金额”可以采取书面形式、口头形式或者其他形式；可以在合同订立时作出，也可以在合同订立后追认。

有下列情形之一的，应认定为被保险人同意投保人为其订立保险合同并认可保险金额：

（一）被保险人明知他人代其签名同意而未表示异议的；

（二）被保险人同意投保人指定的受益人的；

（三）有证据足以认定被保险人同意投保人为其投保的其他情形。

第二条 被保险人以书面形式通知保险人和投保人撤销其依据保险法第三十四条第一款规定所作出的同意意思表示的，可认定为保险合同解除。

第三条 人民法院审理人身保险合同纠纷案件时，应主动审查投保人订立保险合同时是否具有保险利益，以及以死亡为给付保险金条件的合同是否经过被保险人同意并认可保险金额。

第四条 保险合同订立后，因投保人丧失对被保险人的保险利益，当事人主张保险合同无效的，人民法院不予支持。

第五条 保险合同订立时，被保险人根据保险人的要求在指定医疗服务机构进行体检，当事人主张投保人如实告知义务免除的，人民法院不予支持。

保险人知道被保险人的体检结果，仍以投保人未就相关情况履行如实告知义务为由要求解除合同的，人民法院不予支持。

第六条 未成年人父母之外的其他履行监护职责的人为未成年人订立以死亡为给付保险金条件的合同，当事人主张参照保险法第三十三条第二款、第三十四条第三款的规定认定该合同有效的，人民法院不予支持，但经未成年人父母同意的除外。

第七条 当事人以被保险人、受益人或者他人已经代为支付保险费为由，主张投保人对应的交费义务已经履行的，人民法院应予支持。

第八条 保险合同效力依照保险法第三十六条规定中止，投保人提出恢复效力申请并同意补交保险费，除被保险人的危险程度在中止期间显著增加外，保险人拒绝恢复效力的，人民法院不予支持。

保险人在收到恢复效力申请后，三十日内未明确拒绝的，应认定为同意恢复效力。

保险合同自投保人补交保险费之日恢复效力。保险人要求投保人补交相应利息的，人民法院应予支持。

第九条 投保人指定受益人未经被保险人同意的，人民法院应认定指定行为无效。

当事人对保险合同约定的受益人存在争议，除投保人、被保险人在保险合同之外另有约定外，按以下情形分别处理：

（一）受益人约定为“法定”或者“法定继承人”的，以民法典规定的法定继承人为受益人；

（二）受益人仅约定为身份关系，投保人与被保险人为同一主体的，根据保险事故发生时与被保险人的身份关系确定受益人；投保人与被保险人为不同主体的，根据保险合同成立时与被保险人的身份关系确定受益人；

（三）约定的受益人包括姓名和身份关系，保险事故发生时身份关系发生变化的，认定为未指定受益人。

第十条 投保人或者被保险人变更受益人，当事人主张变更行为自变更意思表示发出时生效的，人民法院应予支持。

投保人或者被保险人变更受益人未通知保险人，保险人主张变更对其不发生效力的，人民法院应予支持。

投保人变更受益人未经被保险人同意的，人民法院应认定变更行为无效。

第十一条 投保人或者被保险人在保险事故发生后变更受益人，变更后的受益人请求保险人给付保险金的，人民法院不予支持。

第十二条 投保人或者被保险人指定数人为受益人，部分受益人在保险事故发生前死亡、放弃受益权或者依法丧失受益权的，该受益人应得的受益份额按照保险合同的约定处理；保险合同没有约定或者约定不明的，该受益人应得的受益份额按照以下情形分别处理：

（一）未约定受益顺序和受益份额的，由其他受益人平均享有；

（二）未约定受益顺序但约定受益份额的，由其他受益人按照相应比例享有；

（三）约定受益顺序但未约定受益份额的，由同顺序的其他受益人平均享有；同一顺序没有其他受益人的，由后一顺序的受益人平均享有；

（四）约定受益顺序和受益份额的，由同顺序的其他受益人按照相应比例享有；同一顺序没有其他受益人的，由后一顺序的受益人按照相应比例享有。

第十三条 保险事故发生后，受益人将与本次保险事故相对应的全部或者部分保险金请求权转让给第三人，当事人主张该转让行为有效的，人民法院应予支持，但根据合同性质、当事人约定或者法律规定不得转让的除外。

第十四条 保险金根据保险法第四十二条规定作为被保险人的遗产，被保险人的继承人要求保险人给付保险金，保险人以其已向持有保险单的被保险人的其他继承人给付保险金为由抗辩的，人民法院应予支持。

第十五条 受益人与被保险人存在继承关系，在同一事件中死亡且不能确定死亡先后顺序的，人民法院应根据保险法第四十二条第二款的规定推定受益人死亡在先，并按照保险法及本解释的相关规定确定保险金归属。

第十六条 保险合同解除时，投保人与被保险人、受益人为不同主体，被保险人或者受益人要求退还保险单的现金价值的，人民法院不予支持，但保险合同另有约定的除外。

投保人故意造成被保险人死亡、伤残或者疾病，保险人依照保险法第四十三条规定退还保险单的现金价值的，其他权利人按照被保险人、被保险人继承人的顺序确定。

第十七条 投保人解除保险合同，当事人以其解除合同未经被保险人或者受益人同意为由主张解除行为无效的，人民法院不予支持，但被保险人或者受益人已向投保人支付相当于保险单现金价值的款项并通知保险人的除外。

第十八条 保险人给付费用补偿型的医疗费用保险金时，主张扣减被保险人从公费医疗或者社会医疗保险取得的赔偿金额的，应当证明该保险产品在厘定医疗费用保险费率时已经将公费医疗或者社会医疗保险部分相应扣除，并按照扣减后的标准收取保险费。

第十九条 保险合同约定按照基本医疗保险的标准核定医疗费用，保险人以被保险人的医疗支出超出基本医疗保险范围为由拒绝给付保险金的，人民法院不予支持；保险人有证据证明被保险人支出的费用超过基本医疗保险同类医疗费用标准，要求对超出部分拒绝给付保险金的，人民法院应予支持。

第二十条 保险人以被保险人未在保险合同约定的医疗服务机构接受治疗为由拒绝给付保险金的，人民法院应予支持，但被保险人因情况紧急必须立即就医的除外。

第二十一条 保险人以被保险人自杀为由拒绝给付保险金的，由保险人承担举证责任。

受益人或者被保险人的继承人以被保险人自杀时无民事行为能力为由抗辩的，由其承担举证责任。

第二十二条 保险法第四十五条规定的“被保险人故意犯罪”的

认定，应当以刑事侦查机关、检察机关和审判机关的生效法律文书或者其他结论性意见为依据。

第二十三条 保险人主张根据保险法第四十五条的规定不承担给付保险金责任的，应当证明被保险人的死亡、伤残结果与其实施的故意犯罪或者抗拒依法采取的刑事强制措施的行为之间存在因果关系。

被保险人在羁押、服刑期间因意外或者疾病造成伤残或者死亡，保险人主张根据保险法第四十五条的规定不承担给付保险金责任的，人民法院不予支持。

第二十四条 投保人为被保险人订立以死亡为给付保险金条件的保险合同，被保险人被宣告死亡后，当事人要求保险人按照保险合同约定给付保险金的，人民法院应予支持。

被保险人被宣告死亡之日在保险责任期间之外，但有证据证明下落不明之日在保险责任期间之内，当事人要求保险人按照保险合同约定给付保险金的，人民法院应予支持。

第二十五条 被保险人的损失系由承保事故或者非承保事故、免责事由造成难以确定，当事人请求保险人给付保险金的，人民法院可以按照相应比例予以支持。

第二十六条 本解释自 2015 年 12 月 1 日起施行。本解释施行后尚未终审的保险合同纠纷案件，适用本解释；本解释施行前已经终审，当事人申请再审或者按照审判监督程序决定再审的案件，不适用本解释。

最高人民法院
关于适用《中华人民共和国保险法》若干问题的解释（四）

（2018 年 5 月 14 日最高人民法院审判委员会第 1738 次会议通过
根据 2020 年 12 月 23 日最高人民法院审判委员会第 1823 次会议
通过的《最高人民法院关于修改〈最高人民法院关于破产企业
国有划拨土地使用权应否列入破产财产等问题的批复〉
等二十九件商事类司法解释的决定》修正）

为正确审理保险合同纠纷案件，切实维护当事人的合法权益，根据《中华人民共和国民法典》《中华人民共和国保险法》《中华人民共和国民事诉讼法》等法律规定，结合审判实践，就保险法中财产保险合同部分有关法律适用问题解释如下：

第一条 保险标的已交付受让人，但尚未依法办理所有权变更登记，承担保险标的毁损灭失风险的受让人，依照保险法第四十八条、第四十九条的规定主张行使被保险人权利的，人民法院应予支持。

第二条 保险人已向投保人履行了保险法规定的提示和明确说明义务，保险标的受让人以保险标的转让后保险人未向其提示或者明确说明为由，主张免除保险人责任的条款不成为合同内容的，人民法院不予支持。

第三条 被保险人死亡，继承保险标的的当事人主张承继被保险人的权利和义务的，人民法院应予支持。

第四条 人民法院认定保险标的是否构成保险法第四十九条、第五十二条规定的“危险程度显著增加”时，应当综合考虑以下因素：

（一）保险标的用途的改变；

（二）保险标的使用范围的改变；

（三）保险标的所处环境的变化；

（四）保险标的因改装等原因引起的变化；

（五）保险标的使用人或者管理人的改变；

（六）危险程度增加持续的时间；

（七）其他可能导致危险程度显著增加的因素。

保险标的危险程度虽然增加，但增加的危险属于保险合同订立时保险人预见或者应当预见的保险合同承保范围的，不构成危险程度显著增加。

第五条 被保险人、受让人依法及时向保险人发出保险标的转让通知后，保险人作出答复前，发生保险事故，被保险人或者受让人主张保险人按照保险合同承担赔偿保险金的责任的，人民法院应予支持。

第六条 保险事故发生后，被保险人依照保险法第五十七条的规定，请求保险人承担为防止或者减少保险标的的损失所支付的必要、合理费用，保险人以被保险人采取的措施未产生实际效果为由抗辩的，人民法院不予支持。

第七条 保险人依照保险法第六十条的规定，主张代位行使被保险人因第三者侵权或者违约等享有的请求赔偿的权利的，人民法院应予支持。

第八条 投保人和被保险人为不同主体，因投保人对保险标的的损害而造成保险事故，保险人依法主张代位行使被保险人对投保人请求赔偿的权利的，人民法院应予支持，但法律另有规定或者保险合同另有约定的除外。

第九条 在保险人以第三者为被告提起的代位求偿权之诉中，第三者以被保险人在保险合同订立前已放弃对其请求赔偿的权利为由进行抗辩，人民法院认定上述放弃行为合法有效，保险人就相应部分主张行使代位求偿权的，人民法院不予支持。

保险合同订立时，保险人就是否存在上述放弃情形提出询问，投保人未如实告知，导致保险人不能代位行使请求赔偿的权利，保险人请求返还相应保险金的，人民法院应予支持，但保险人知道或者应当知道上述情形仍同意承保的除外。

第十条 因第三者对保险标的的损害而造成保险事故，保险人获得代位请求赔偿的权利的情况未通知第三者或者通知到达第三者前，第三者在被保险人已经从保险人处获赔的范围内又向被保险人作出赔偿，保险人主张代位行使被保险人对第三者请求赔偿的权利的，人民法院不予支持。保险人就相应保险金主张被保险人返还的，人民法院应予支持。

保险人获得代位请求赔偿的权利的情况已经通知到第三者，第三者又向被保险人作出赔偿，保险人主张代位行使请求赔偿的权利，第三者以其已经向被保险人赔偿为由抗辩的，人民法院不予支持。

第十一条 被保险人因故意或者重大过失未履行保险法第六十三条规定的义务，致使保险人未能行使或者未能全部行使代位请求赔偿的权利，保险人主张在其损失范围内扣减或者返还相应保险金的，人民法院应予支持。

第十二条 保险人以造成保险事故的第三者为被告提起代位求偿权之诉的，以被保险人与第三者之间的法律关系确定管辖法院。

第十三条 保险人提起代位求偿权之诉时，被保险人已经向第三者提起诉讼的，人民法院可以依法合并审理。

保险人行使代位求偿权时，被保险人已经向第三者提起诉讼，保险人向受理该案的人民法院申请变更当事人，代位行使被保险人对第三者请求赔偿的权利，被保险人同意的，人民法院应予准许；被保险人不同意的，保险人可以作为共同原告参加诉讼。

第十四条 具有下列情形之一的，被保险人可以依照保险法第六十五条第二款的规定请求保险人直接向第三者赔偿保险金：

（一）被保险人对第三者所负的赔偿责任经人民法院生效裁判、仲裁裁决确认；

（二）被保险人对第三者所负的赔偿责任经被保险人与第三者协商一致；

（三）被保险人对第三者应负的赔偿责任能够确定的其他情形。

前款规定的情形下，保险人主张按照保险合同确定保险赔偿责任的，人民法院应予支持。

第十五条 被保险人对第三者应负的赔偿责任确定后，被保险人不履行赔偿责任，且第三者以保险人为被告或者以保险人与被保险人为共同被告提起诉讼时，被保险人尚未向保险人提出直接向第三者赔偿保险金的请求的，可以认定为属于保险法第六十五条第二款规定的“被保险人怠于请求”的情形。

第十六条 责任保险的被保险人因共同侵权依法承担连带责任，保险人以该连带责任超出被保险人应承担的责任份额为由，拒绝赔付保险金的，人民法院不予支持。保险人承担保险责任后，主张就超出被保险人责任份额的部分向其他连带责任人追偿的，人民法院应予支持。

第十七条 责任保险的被保险人对第三者所负的赔偿责任已经生效判决确认并已进入执行程序，但未获得清偿或者未获得全部清偿，第三者依法请求保险人赔偿保险金，保险人以前述生效判决已进入执行程序为由抗辩的，人民法院不予支持。

第十八条 商业责任险的被保险人向保险人请求赔偿保险金的诉讼

时效期间，自被保险人对第三者应负的赔偿责任确定之日起计算。

第十九条 责任保险的被保险人与第三者就被保险人的赔偿责任达成和解协议且经保险人认可，被保险人主张保险人在保险合同范围内依据和解协议承担保险责任的，人民法院应予支持。

被保险人与第三者就被保险人的赔偿责任达成和解协议，未经保险人认可，保险人主张对保险责任范围以及赔偿数额重新予以核定的，人民法院应予支持。

第二十条 责任保险的保险人在被保险人向第三者赔偿之前向被保险人赔偿保险金，第三者依照保险法第六十五条第二款的规定行使保险金请求权时，保险人以其已向被保险人赔偿为由拒绝赔偿保险金的，人民法院不予支持。保险人向第三者赔偿后，请求被保险人返还相应保险金的，人民法院应予支持。

第二十一条 本解释自2018年9月1日起施行。

本解释施行后人民法院正在审理的一审、二审案件，适用本解释；本解释施行前已经终审，当事人申请再审或者按照审判监督程序决定再审的案件，不适用本解释。

最高人民法院

关于审理涉台民商事案件法律适用问题的规定

（2010年4月26日最高人民法院审判委员会第1486次会议通过
根据2020年12月23日最高人民法院审判委员会第1823次会议通过的《最高人民法院关于修改〈最高人民法院关于破产企业国有划拨土地使用权应否列入破产财产等问题的批复〉等二十九件商事类司法解释的决定》修正）

为正确审理涉台民商事案件，准确适用法律，维护当事人的合法权益，根据相关法律，制定本规定。

第一条　人民法院审理涉台民商事案件，应当适用法律和司法解释的有关规定。

根据法律和司法解释中选择适用法律的规则，确定适用台湾地区民事法律的，人民法院予以适用。

第二条　台湾地区当事人在人民法院参与民事诉讼，与大陆当事人有同等的诉讼权利和义务，其合法权益受法律平等保护。

第三条　根据本规定确定适用有关法律违反国家法律的基本原则或者社会公共利益的，不予适用。

最高人民法院
关于适用《中华人民共和国涉外民事关系法律适用法》若干问题的解释（一）

（2012 年 12 月 10 日最高人民法院审判委员会第 1563 次会议通过
根据 2020 年 12 月 23 日最高人民法院审判委员会第 1823 次会议
通过的《最高人民法院关于修改〈最高人民法院关于破产企业
国有划拨土地使用权应否列入破产财产等问题的批复〉
等二十九件商事类司法解释的决定》修正）

为正确审理涉外民事案件，根据《中华人民共和国涉外民事关系法律适用法》的规定，对人民法院适用该法的有关问题解释如下：

第一条 民事关系具有下列情形之一的，人民法院可以认定为涉外民事关系：

（一）当事人一方或双方是外国公民、外国法人或者其他组织、无国籍人；

（二）当事人一方或双方的经常居所地在中华人民共和国领域外；

（三）标的物在中华人民共和国领域外；

（四）产生、变更或者消灭民事关系的法律事实发生在中华人民共和国领域外；

（五）可以认定为涉外民事关系的其他情形。

第二条 涉外民事关系法律适用法实施以前发生的涉外民事关系，人民法院应当根据该涉外民事关系发生时的有关法律规定确定应当适用的法律；当时法律没有规定的，可以参照涉外民事关系法律适用法的规定确定。

第三条 涉外民事关系法律适用法与其他法律对同一涉外民事关系法律适用规定不一致的，适用涉外民事关系法律适用法的规定，但《中华人民共和国票据法》《中华人民共和国海商法》《中华人民共和国民用航空法》等商事领域法律的特别规定以及知识产权领域法律的特别规定除外。

涉外民事关系法律适用法对涉外民事关系的法律适用没有规定而其他法律有规定的，适用其他法律的规定。

第四条 中华人民共和国法律没有明确规定当事人可以选择涉外民事关系适用的法律，当事人选择适用法律的，人民法院应认定该选择无效。

第五条 一方当事人以双方协议选择的法律与系争的涉外民事关系没有实际联系为由主张选择无效的，人民法院不予支持。

第六条 当事人在一审法庭辩论终结前协议选择或者变更选择适用的法律的，人民法院应予准许。

各方当事人援引相同国家的法律且未提出法律适用异议的，人民法院可以认定当事人已经就涉外民事关系适用的法律做出了选择。

第七条 当事人在合同中援引尚未对中华人民共和国生效的国际条约的，人民法院可以根据该国际条约的内容确定当事人之间的权利义务，但违反中华人民共和国社会公共利益或中华人民共和国法律、行政法规强制性规定的除外。

第八条 有下列情形之一，涉及中华人民共和国社会公共利益、当事人不能通过约定排除适用、无需通过冲突规范指引而直接适用于涉外民事关系的法律、行政法规的规定，人民法院应当认定为涉外民事关系法律适用法第四条规定的强制性规定：

（一）涉及劳动者权益保护的；

（二）涉及食品或公共卫生安全的；

（三）涉及环境安全的；

（四）涉及外汇管制等金融安全的；

（五）涉及反垄断、反倾销的；

（六）应当认定为强制性规定的其他情形。

第九条 一方当事人故意制造涉外民事关系的连结点，规避中华人民共和国法律、行政法规的强制性规定的，人民法院应认定为不发生适用外国法律的效力。

第十条 涉外民事争议的解决须以另一涉外民事关系的确认为前提时，人民法院应当根据该先决问题自身的性质确定其应当适用的法律。

第十一条 案件涉及两个或者两个以上的涉外民事关系时，人民法院应当分别确定应当适用的法律。

第十二条 当事人没有选择涉外仲裁协议适用的法律，也没有约定仲裁机构或者仲裁地，或者约定不明的，人民法院可以适用中华人民共和国法律认定该仲裁协议的效力。

第十三条 自然人在涉外民事关系产生或者变更、终止时已经连续居住一年以上且作为其生活中心的地方，人民法院可以认定为涉外民事关系法律适用法规定的自然人的经常居所地，但就医、劳务派遣、公务等情形除外。

第十四条 人民法院应当将法人的设立登记地认定为涉外民事关系法律适用法规定的法人的登记地。

第十五条 人民法院通过由当事人提供、已对中华人民共和国生效的国际条约规定的途径、中外法律专家提供等合理途径仍不能获得外国法律的，可以认定为不能查明外国法律。

根据涉外民事关系法律适用法第十条第一款的规定，当事人应当提供外国法律，其在人民法院指定的合理期限内无正当理由未提供该外国法律的，可以认定为不能查明外国法律。

第十六条 人民法院应当听取各方当事人对应当适用的外国法律的内容及其理解与适用的意见，当事人对该外国法律的内容及其理解与适用均无异议的，人民法院可以予以确认；当事人有异议的，由人民法院审查认定。

第十七条 涉及香港特别行政区、澳门特别行政区的民事关系的法律适用问题，参照适用本规定。

第十八条 涉外民事关系法律适用法施行后发生的涉外民事纠纷案件，本解释施行后尚未终审的，适用本解释；本解释施行前已经终审，当事人申请再审或者按照审判监督程序决定再审的，不适用本解释。

第十九条 本院以前发布的司法解释与本解释不一致的，以本解释为准。

最高人民法院

关于审理船舶碰撞和触碰案件财产损害赔偿的规定

（1995 年 10 月 18 日最高人民法院审判委员会第 735 次会议讨论通过
根据 2020 年 12 月 23 日最高人民法院审判委员会第 1823 次会议通过的《最高人民法院关于修改〈最高人民法院关于破产企业国有划拨土地使用权应否列入破产财产等问题的批复〉等二十九件商事类司法解释的决定》修正）

根据《中华人民共和国民法典》和《中华人民共和国海商法》的有关规定，结合我国海事审判实践并参照国际惯例，对审理船舶碰撞和触碰案件的财产损害赔偿规定如下：

一、请求人可以请求赔偿对船舶碰撞或者触碰所造成的财产损失，船舶碰撞或者触碰后相继发生的有关费用和损失，为避免或者减少损害而产生的合理费用和损失，以及预期可得利益的损失。

因请求人的过错造成的损失或者使损失扩大的部分，不予赔偿。

二、赔偿应当尽量达到恢复原状，不能恢复原状的折价赔偿。

三、船舶损害赔偿分为全损赔偿和部分损害赔偿。

（一）船舶全损的赔偿包括：

船舶价值损失；

未包括在船舶价值内的船舶上的燃料、物料、备件、供应品，渔船上的捕捞设备、网具、渔具等损失；

船员工资、遣返费及其他合理费用。

（二）船舶部分损害的赔偿包括：合理的船舶临时修理费、永久修理费及辅助费用、维持费用，但应满足下列条件：

船舶应就近修理，除非请求人能证明在其他地方修理更能减少损失和节省费用，或者有其他合理的理由。如果船舶经临时修理可继续营运，请求人有责任进行临时修理；

船舶碰撞部位的修理，同请求人为保证船舶适航，或者因另外事故所进行的修理，或者与船舶例行的检修一起进行时，赔偿仅限于修理本次船舶碰撞的受损部位所需的费用和损失。

（三）船舶损害赔偿还包括：

合理的救助费，沉船的勘查、打捞和清除费用，设置沉船标志费用；

拖航费用，本航次的租金或者运费损失，共同海损分摊；

合理的船期损失；

其他合理的费用。

四、船上财产的损害赔偿包括：

船上财产的灭失或者部分损坏引起的贬值损失；

合理的修复或者处理费用；

合理的财产救助、打捞和清除费用，共同海损分摊；

其他合理费用。

五、船舶触碰造成设施损害的赔偿包括：

设施的全损或者部分损坏修复费用；

设施修复前不能正常使用所产生的合理的收益损失。

六、船舶碰撞或者触碰造成第三人财产损失的，应予赔偿。

七、除赔偿本金外，利息损失也应赔偿。

八、船舶价值损失的计算，以船舶碰撞发生地当时类似船舶的市价确定；碰撞发生地无类似船舶市价的，以船舶船籍港类似船舶的市价确定，或者以其他地区类似船舶市价的平均价确定；没有市价的，以原船舶的造价或者购置价，扣除折旧（折旧率按年4—10%）计算；折旧后没有价值的按残值计算。

船舶被打捞后尚有残值的，船舶价值应扣除残值。

九、船上财产损失的计算：

（一）货物灭失的，按照货物的实际价值，即以货物装船时的价值加运费加请求人已支付的货物保险费计算，扣除可节省的费用；

（二）货物损坏的，以修复所需的费用，或者以货物的实际价值扣除残值和可节省的费用计算；

（三）由于船舶碰撞在约定的时间内迟延交付所产生的损失，按迟延交付货物的实际价值加预期可得利润与到岸时的市价的差价计算，但预期可得利润不得超过货物实际价值的10%；

（四）船上捕捞的鱼货，以实际的鱼货价值计算。鱼货价值参照海事发生时当地市价，扣除可节省的费用。

（五）船上渔具、网具的种类和数量，以本次出海捕捞作业所需量扣减现存量计算，但所需量超过渔政部门规定或者许可的种类和数量的，不予认定；渔具、网具的价值，按原购置价或者原造价扣除折旧费用和残值计算；

（六）旅客行李、物品（包括自带行李）的损失，属本船旅客的损失，依照海商法的规定处理；属他船旅客的损失，可参照旅客运输合同中有关旅客行李灭失或者损坏的赔偿规定处理；

（七）船员个人生活必需品的损失，按实际损失适当予以赔偿；

（八）承运人与旅客书面约定由承运人保管的货币、金银、珠宝、有价证券或者其他贵重物品的损失，依海商法的规定处理；船员、旅客、其他人员个人携带的货币、金银、珠宝、有价证券或者其他贵重物品的损失，不予认定；

（九）船上其他财产的损失，按其实际价值计算。

十、船期损失的计算：

期限：船舶全损的，以找到替代船所需的合理期间为限，但最长不得超过两个月；船舶部分损害的修船期限，以实际修复所需的合理期间为限，其中包括联系、住坞、验船等所需的合理时间；渔业船舶，按上述期限扣除休渔期为限，或者以一个渔汛期为限。

船期损失，一般以船舶碰撞前后各两个航次的平均净盈利计算；无前后各两个航次可参照的，以其他相应航次的平均净盈利计算。

渔船渔汛损失，以该渔船前3年的同期渔汛平均净收益计算，或者以本年内同期同类渔船的平均净收益计算。计算渔汛损失时，应当考虑到碰撞渔船在对船捕渔作业或者围网灯光捕渔作业中的作用等因素。

十一、租金或者运费损失的计算：

碰撞导致期租合同承租人停租或者不付租金的，以停租或者不付租金额，扣除可节省的费用计算。

因货物灭失或者损坏导致到付运费损失的，以尚未收取的运费金额扣除可节省的费用计算。

十二、设施损害赔偿的计算：

期限：以实际停止使用期间扣除常规检修的期间为限；

设施部分损坏或者全损，分别以合理的修复费用或者重新建造的费用，扣除已使用年限的折旧费计算；

设施使用的收益损失，以实际减少的净收益，即按停止使用前3个月的平均净盈利计算；部分使用并有收益的，应当扣减。

十三、利息损失的计算：

船舶价值的损失利息，从船期损失停止计算之日起至判决或者调解指定的应付之日止；

其他各项损失的利息，从损失发生之日或者费用产生之日起计算至判决或调解指定的应付之日止；

利息按本金性质的同期利率计算。

十四、计算损害赔偿的货币，当事人有约定的，依约定；没有约定的，按以下相关的货币计算：

按船舶营运或者生产经营所使用的货币计算；

船载进、出口货物的价值，按买卖合同或者提单、运单记明的货币计算；

以特别提款权计算损失的，按法院判决或者调解之日的兑换率换算成相应的货币。

十五、本规定不包括对船舶碰撞或者触碰责任的确定，不影响船舶所有人或者承运人依法享受免责和责任限制的权利。

十六、本规定中下列用语的含义：

“船舶”是指所有用作或者能够用作水上运输工具的各类水上船筏，包括非排水船舶和水上飞机。但是用于军事的和政府公务的船舶除外。

“设施”是指人为设置的固定或者可移动的构造物，包括固定平台、浮鼓、码头、堤坝、桥梁、敷设或者架设的电缆、管道等。

“船舶碰撞”是指在海上或者与海相通的可航水域，两艘或者两艘以上的船舶之间发生接触或者没有直接接触，造成财产损害的事故。

“船舶触碰”是指船舶与设施或者障碍物发生接触并造成财产损害的事故。

“船舶全损”是指船舶实际全部损失，或者损坏已达到相当严重的程度，以至于救助、打捞、修理费等费用之和达到或者超过碰撞或者触碰发生前的船舶价值。

“辅助费用”是指为进行修理而产生的合理费用，包括必要的进坞费、清航除气费、排放油污水处理费、港口使费、引航费、检验费以及修船期间所产生的住坞费、码头费等费用，但不限于上述费用。

“维持费用”是指船舶修理期间，船舶和船员日常消耗的费用，包括燃料、物料、淡水及供应品的消耗和船员工资等。

十七、本规定自发布之日起施行。

最高人民法院

关于审理海上保险纠纷案件若干问题的规定

（2006年11月13日最高人民法院审判委员会第1405次会议通过 根据2020年12月23日最高人民法院审判委员会第1823次会议通过的《最高人民法院关于修改〈最高人民法院关于破产企业国有划拨土地使用权应否列入破产财产等问题的批复〉等二十九件商事类司法解释的决定》修正）

为正确审理海上保险纠纷案件，依照《中华人民共和国海商法》《中华人民共和国保险法》《中华人民共和国海事诉讼特别程序法》和《中华人民共和国民事诉讼法》的相关规定，制定本规定。

第一条 审理海上保险合同纠纷案件，适用海商法的规定；海商法没有规定的，适用保险法的有关规定；海商法、保险法均没有规定的，适用民法典等其他相关法律的规定。

第二条 审理非因海上事故引起的港口设施或者码头作为保险标的

的保险合同纠纷案件，适用保险法等法律的规定。

第三条 审理保险人因发生船舶触碰港口设施或者码头等保险事故，行使代位请求赔偿权利向造成保险事故的第三人追偿的案件，适用海商法的规定。

第四条 保险人知道被保险人未如实告知海商法第二百二十二条第一款规定的重要情况，仍收取保险费或者支付保险赔偿，保险人又以被保险人未如实告知重要情况为由请求解除合同的，人民法院不予支持。

第五条 被保险人未按照海商法第二百三十四条的规定向保险人支付约定的保险费的，保险责任开始前，保险人有权解除保险合同，但保险人已经签发保险单证的除外；保险责任开始后，保险人以被保险人未支付保险费请求解除合同的，人民法院不予支持。

第六条 保险人以被保险人违反合同约定的保证条款未立即书面通知保险人为由，要求从违反保证条款之日起解除保险合同的，人民法院应予支持。

第七条 保险人收到被保险人违反合同约定的保证条款书面通知后仍支付保险赔偿，又以被保险人违反合同约定的保证条款为由请求解除合同的，人民法院不予支持。

第八条 保险人收到被保险人违反合同约定的保证条款的书面通知后，就修改承保条件、增加保险费等事项与被保险人协商未能达成一致的，保险合同于违反保证条款之日解除。

第九条 在航次之中发生船舶转让的，未经保险人同意转让的船舶保险合同至航次终了时解除。船舶转让时起至航次终了时止的船舶保险合同的权利、义务由船舶出让人享有、承担，也可以由船舶受让人继受。

船舶受让人根据前款规定向保险人请求赔偿时，应当提交有效的保险单证及船舶转让合同的证明。

第十条 保险人与被保险人在订立保险合同时均不知道保险标的已

经发生保险事故而遭受损失，或者保险标的已经不可能因发生保险事故而遭受损失的，不影响保险合同的效力。

第十一条 海上货物运输中因承运人无正本提单交付货物造成的损失不属于保险人的保险责任范围。保险合同当事人另有约定的，依约定。

第十二条 发生保险事故后，被保险人为防止或者减少损失而采取的合理措施没有效果，要求保险人支付由此产生的合理费用的，人民法院应予支持。

第十三条 保险人在行使代位请求赔偿权利时，未依照海事诉讼特别程序法的规定，向人民法院提交其已经向被保险人实际支付保险赔偿凭证的，人民法院不予受理；已经受理的，裁定驳回起诉。

第十四条 受理保险人行使代位请求赔偿权利纠纷案件的人民法院应当仅就造成保险事故的第三人与被保险人之间的法律关系进行审理。

第十五条 保险人取得代位请求赔偿权利后，以被保险人向第三人提起诉讼、提交仲裁、申请扣押船舶或者第三人同意履行义务为由主张诉讼时效中断的，人民法院应予支持。

第十六条 保险人取得代位请求赔偿权利后，主张享有被保险人因申请扣押船舶取得的担保权利的，人民法院应予支持。

第十七条 本规定自 2007 年 1 月 1 日起施行。

最高人民法院

关于审理船舶碰撞纠纷案件若干问题的规定

（2008 年 4 月 28 日最高人民法院审判委员会第 1446 次会议通过
根据 2020 年 12 月 23 日最高人民法院审判委员会第 1823 次会议通过的《最高人民法院关于修改〈最高人民法院关于破产企业国有划拨土地使用权应否列入破产财产等问题的批复〉等二十九件商事类司法解释的决定》修正）

为正确审理船舶碰撞纠纷案件，依照《中华人民共和国民法典》《中华人民共和国民事诉讼法》《中华人民共和国海商法》《中华人民共和国海事诉讼特别程序法》等法律，制定本规定。

第一条　本规定所称船舶碰撞，是指海商法第一百六十五条所指的船舶碰撞，不包括内河船舶之间的碰撞。

海商法第一百七十条所指的损害事故，适用本规定。

第二条　审理船舶碰撞纠纷案件，依照海商法第八章的规定确定碰撞船舶的赔偿责任。

第三条　因船舶碰撞导致船舶触碰引起的侵权纠纷，依照海商法第八章的规定确定碰撞船舶的赔偿责任。

非因船舶碰撞导致船舶触碰引起的侵权纠纷，依照民法典的规定确定触碰船舶的赔偿责任，但不影响海商法第八章之外其他规定的适用。

第四条 船舶碰撞产生的赔偿责任由船舶所有人承担，碰撞船舶在光船租赁期间并经依法登记的，由光船承租人承担。

第五条 因船舶碰撞发生的船上人员的人身伤亡属于海商法第一百六十九条第三款规定的第三人的人身伤亡。

第六条 碰撞船舶互有过失造成船载货物损失，船载货物的权利人对承运货物的本船提起违约赔偿之诉，或者对碰撞船舶一方或者双方提起侵权赔偿之诉的，人民法院应当依法予以受理。

第七条 船载货物的权利人因船舶碰撞造成其货物损失向承运货物的本船提起诉讼的，承运船舶可以依照海商法第一百六十九条第二款的规定主张按照过失程度的比例承担赔偿责任。

前款规定不影响承运人和实际承运人援用海商法第四章关于承运人抗辩理由和限制赔偿责任的规定。

第八条 碰撞船舶船载货物权利人或者第三人向碰撞船舶一方或者双方就货物或其他财产损失提出赔偿请求的，由碰撞船舶方提供证据证明过失程度的比例。无正当理由拒不提供证据的，由碰撞船舶一方承担全部赔偿责任或者由双方承担连带赔偿责任。

前款规定的证据指具有法律效力的判决书、裁定书、调解书和仲裁裁决书。对于碰撞船舶提交的国外的判决书、裁定书、调解书和仲裁裁决书，依照民事诉讼法第二百八十二条和第二百八十三条规定的程序审查。

第九条 因起浮、清除、拆毁由船舶碰撞造成的沉没、遇难、搁浅或被弃船舶及船上货物或者使其无害的费用提出的赔偿请求，责任人不能依照海商法第十一章的规定享受海事赔偿责任限制。

第十条 审理船舶碰撞纠纷案件时，人民法院根据当事人的申请进行证据保全取得的或者向有关部门调查收集的证据，应当在当事人完成举证并出具完成举证说明书后出示。

第十一条 船舶碰撞事故发生后，主管机关依法进行调查取得并经过事故当事人和有关人员确认的碰撞事实调查材料，可以作为人民法院认定案件事实的证据，但有相反证据足以推翻的除外。

最高人民法院

关于审理无正本提单交付货物案件适用法律若干问题的规定

（2009 年 2 月 16 日最高人民法院审判委员会第 1463 次会议通过 根据 2020 年 12 月 23 日最高人民法院审判委员会第 1823 次会议通过的《最高人民法院关于修改〈最高人民法院关于破产企业国有划拨土地使用权应否列入破产财产等问题的批复〉等二十九件商事类司法解释的决定》修正）

为正确审理无正本提单交付货物案件，根据《中华人民共和国民法典》《中华人民共和国海商法》等法律，制定本规定。

第一条 本规定所称正本提单包括记名提单、指示提单和不记名提单。

第二条 承运人违反法律规定，无正本提单交付货物，损害正本提单持有人提单权利的，正本提单持有人可以要求承运人承担由此造成损失的民事责任。

第三条 承运人因无正本提单交付货物造成正本提单持有人损失的，正本提单持有人可以要求承运人承担违约责任，或者承担侵权责任。

正本提单持有人要求承运人承担无正本提单交付货物民事责任的，适用海商法规定；海商法没有规定的，适用其他法律规定。

第四条 承运人因无正本提单交付货物承担民事责任的，不适用海商法第五十六条关于限制赔偿责任的规定。

第五条 提货人凭伪造的提单向承运人提取了货物，持有正本提单的收货人可以要求承运人承担无正本提单交付货物的民事责任。

第六条 承运人因无正本提单交付货物造成正本提单持有人损失的赔偿额，按照货物装船时的价值加运费和保险费计算。

第七条 承运人依照提单载明的卸货港所在地法律规定，必须将承运到港的货物交付给当地海关或者港口当局的，不承担无正本提单交付货物的民事责任。

第八条 承运到港的货物超过法律规定期限无人向海关申报，被海关提取并依法变卖处理，或者法院依法裁定拍卖承运人留置的货物，承运人主张免除交付货物责任的，人民法院应予支持。

第九条 承运人按照记名提单托运人的要求中止运输、返还货物、变更到达地或者将货物交给其他收货人，持有记名提单的收货人要求承运人承担无正本提单交付货物民事责任的，人民法院不予支持。

第十条 承运人签发一式数份正本提单，向最先提交正本提单的人交付货物后，其他持有相同正本提单的人要求承运人承担无正本提单交付货物民事责任的，人民法院不予支持。

第十一条 正本提单持有人可以要求无正本提单交付货物的承运人与无正本提单提取货物的人承担连带赔偿责任。

第十二条 向承运人实际交付货物并持有指示提单的托运人，虽然在正本提单上没有载明其托运人身份，因承运人无正本提单交付货物，要求承运人依据海上货物运输合同承担无正本提单交付货物民事责任的，人民法院应予支持。

第十三条 在承运人未凭正本提单交付货物后，正本提单持有人与无正本提单提取货物的人就货款支付达成协议，在协议款项得不到赔付时，不影响正本提单持有人就其遭受的损失，要求承运人承担无正本提单交付货物的民事责任。

第十四条 正本提单持有人以承运人无正本提单交付货物为由提起的诉讼，适用海商法第二百五十七条的规定，时效期间为一年，自承运人应当交付货物之日起计算。

正本提单持有人以承运人与无正本提单提取货物的人共同实施无正本提单交付货物行为为由提起的侵权诉讼，诉讼时效适用本条前款规定。

第十五条 正本提单持有人以承运人无正本提单交付货物为由提起的诉讼，时效中断适用海商法第二百六十七条的规定。

正本提单持有人以承运人与无正本提单提取货物的人共同实施无正本提单交付货物行为为由提起的侵权诉讼，时效中断适用本条前款规定。

最高人民法院

关于审理海事赔偿责任限制相关纠纷案件的若干规定

（2010年3月22日最高人民法院审判委员会第1484次会议通过
根据2020年12月23日最高人民法院审判委员会第1823次会议通过的《最高人民法院关于修改〈最高人民法院关于破产企业国有划拨土地使用权应否列入破产财产等问题的批复〉等二十九件商事类司法解释的决定》修正）

为正确审理海事赔偿责任限制相关纠纷案件，依照《中华人民共和国海事诉讼特别程序法》《中华人民共和国海商法》的规定，结合审判实际，制定本规定。

第一条 审理海事赔偿责任限制相关纠纷案件，适用海事诉讼特别程序法、海商法的规定；海事诉讼特别程序法、海商法没有规定的，适用其他相关法律、行政法规的规定。

第二条 同一海事事故中，不同的责任人在起诉前依据海事诉讼特别程序法第一百零二条的规定向不同的海事法院申请设立海事赔偿责任限制基金的，后立案的海事法院应当依照民事诉讼法的规定，将案件移送先立案的海事法院管辖。

第三条 责任人在诉讼中申请设立海事赔偿责任限制基金的，应当向受理相关海事纠纷案件的海事法院提出。

相关海事纠纷由不同海事法院受理，责任人申请设立海事赔偿责任限制基金的，应当依据诉讼管辖协议向最先立案的海事法院提出；当事人之间未订立诉讼管辖协议的，向最先立案的海事法院提出。

第四条 海事赔偿责任限制基金设立后，设立基金的海事法院对海事请求人就与海事事故相关纠纷向责任人提起的诉讼具有管辖权。

海事请求人向其他海事法院提起诉讼的，受理案件的海事法院应当依照民事诉讼法的规定，将案件移送设立海事赔偿责任限制基金的海事法院，但当事人之间订有诉讼管辖协议的除外。

第五条 海事诉讼特别程序法第一百零六条第二款规定的海事法院在十五日内作出裁定的期间，自海事法院受理设立海事赔偿责任限制基金申请的最后一次公告发布之次日起第三十日开始计算。

第六条 海事诉讼特别程序法第一百一十二条规定的申请债权登记期间的届满之日，为海事法院受理设立海事赔偿责任限制基金申请的最后一次公告发布之次日起第六十日。

第七条 债权人申请登记债权，符合有关规定的，海事法院应当在海事赔偿责任限制基金设立后，依照海事诉讼特别程序法第一百一十四条的规定作出裁定；海事赔偿责任限制基金未依法设立的，海事法院应当裁定终结债权登记程序。债权人已经交纳的申请费由申请设立海事赔偿责任限制基金的人负担。

第八条 海事赔偿责任限制基金设立后，海事请求人基于责任人依法不能援引海事赔偿责任限制抗辩的海事赔偿请求，可以对责任人的财产申请保全。

第九条 海事赔偿责任限制基金设立后，海事请求人就同一海事事故产生的属于海商法第二百零七条规定的可以限制赔偿责任的海事赔偿请求，以行使船舶优先权为由申请扣押船舶的，人民法院不予支持。

第十条 债权人提起确权诉讼时，依据海商法第二百零九条的规定主张责任人无权限制赔偿责任的，应当以书面形式提出。案件的审理不适用海事诉讼特别程序法规定的确权诉讼程序，当事人对海事法院作出的判决、裁定可以依法提起上诉。

两个以上债权人主张责任人无权限制赔偿责任的，海事法院可以将相关案件合并审理。

第十一条 债权人依据海事诉讼特别程序法第一百一十六条第一款的规定提起确权诉讼后，需要判定碰撞船舶过失程度比例的，案件的审理不适用海事诉讼特别程序法规定的确权诉讼程序，当事人对海事法院作出的判决、裁定可以依法提起上诉。

第十二条 海商法第二百零四条规定的船舶经营人是指登记的船舶经营人，或者接受船舶所有人委托实际使用和控制船舶并应当承担船舶责任的人，但不包括无船承运业务经营者。

第十三条 责任人未申请设立海事赔偿责任限制基金，不影响其在诉讼中对海商法第二百零七条规定的海事请求提出海事赔偿责任限制抗辩。

第十四条 责任人未提出海事赔偿责任限制抗辩的，海事法院不应主动适用海商法关于海事赔偿责任限制的规定进行裁判。

第十五条 责任人在一审判决作出前未提出海事赔偿责任限制抗辩，在二审、再审期间提出的，人民法院不予支持。

第十六条 责任人对海商法第二百零七条规定的海事赔偿请求未提出海事赔偿责任限制抗辩，债权人依据有关生效裁判文书或者仲裁裁决书，申请执行责任人海事赔偿责任限制基金以外的财产的，人民法院应予支持，但债权人以上述文书作为债权证据申请登记债权并经海事法院裁定准予的除外。

第十七条 海商法第二百零七条规定的可以限制赔偿责任的海事赔偿请求不包括因沉没、遇难、搁浅或者被弃船舶的起浮、清除、拆毁或者使之无害提起的索赔，或者因船上货物的清除、拆毁或者使之无害提起的索赔。

由于船舶碰撞致使责任人遭受前款规定的索赔，责任人就因此产生的损失向对方船舶追偿时，被请求人主张依据海商法第二百零七条的规定限制赔偿责任的，人民法院应予支持。

第十八条 海商法第二百零九条规定的“责任人”是指海事事故的责任人本人。

第十九条 海事请求人以发生海事事故的船舶不适航为由主张责任人无权限制赔偿责任，但不能证明引起赔偿请求的损失是由于责任人本人的故意或者明知可能造成损失而轻率地作为或者不作为造成的，人民法院不予支持。

第二十条 海事赔偿责任限制基金应当以人民币设立，其数额按法院准予设立基金的裁定生效之日的特别提款权对人民币的换算办法计算。

第二十一条 海商法第二百一十三条规定的利息，自海事事故发生之日起至基金设立之日止，按同期全国银行间同业拆借中心公布的贷款市场报价利率计算。

以担保方式设立海事赔偿责任限制基金的，基金设立期间的利息按同期全国银行间同业拆借中心公布的贷款市场报价利率计算。

第二十二条 本规定施行前已经终审的案件，人民法院进行再审时，不适用本规定。

第二十三条 本规定施行前本院发布的司法解释与本规定不一致的，以本规定为准。

最高人民法院

关于审理船舶油污损害赔偿纠纷案件若干问题的规定

（2011年1月10日最高人民法院审判委员会第1509次会议通过
根据2020年12月23日最高人民法院审判委员会第1823次会议通过的《最高人民法院关于修改〈最高人民法院关于破产企业国有划拨土地使用权应否列入破产财产等问题的批复〉等二十九件商事类司法解释的决定》修正）

为正确审理船舶油污损害赔偿纠纷案件，依照《中华人民共和国民法典》《中华人民共和国海洋环境保护法》《中华人民共和国海商法》《中华人民共和国民事诉讼法》《中华人民共和国海事诉讼特别程序法》等法律法规以及中华人民共和国缔结或者参加的有关国际条约，结合审判实践，制定本规定。

第一条 船舶发生油污事故，对中华人民共和国领域和管辖的其他海域造成油污损害或者形成油污损害威胁，人民法院审理相关船舶油污损害赔偿纠纷案件，适用本规定。

第二条 当事人就油轮装载持久性油类造成的油污损害提起诉讼、申请设立油污损害赔偿责任限制基金，由船舶油污事故发生地海事法院管辖。

油轮装载持久性油类引起的船舶油污事故，发生在中华人民共和国领域和管辖的其他海域外，对中华人民共和国领域和管辖的其他海域造成油污损害或者形成油污损害威胁，当事人就船舶油污事故造成的损害提起诉讼、申请设立油污损害赔偿责任限制基金，由油污损害结果地或者采取预防油污措施地海事法院管辖。

第三条 两艘或者两艘以上船舶泄漏油类造成油污损害，受损害人请求各泄漏油船舶所有人承担赔偿责任，按照泄漏油数量及泄漏油类对环境的危害性等因素能够合理分开各自造成的损害，由各泄漏油船舶所有人分别承担责任；不能合理分开各自造成的损害，各泄漏油船舶所有人承担连带责任。但泄漏油船舶所有人依法免予承担责任的除外。

各泄漏油船舶所有人对受损害人承担连带责任的，相互之间根据各自责任大小确定相应的赔偿数额；难以确定责任大小的，平均承担赔偿责任。泄漏油船舶所有人支付超出自己应赔偿的数额，有权向其他泄漏油船舶所有人追偿。

第四条 船舶互有过失碰撞引起油类泄漏造成油污损害的，受损害人可以请求泄漏油船舶所有人承担全部赔偿责任。

第五条 油轮装载的持久性油类造成油污损害的，应依照《防治船舶污染海洋环境管理条例》《1992年国际油污损害民事责任公约》的规定确定赔偿限额。

油轮装载的非持久性燃油或者非油轮装载的燃油造成油污损害的，应依照海商法关于海事赔偿责任限制的规定确定赔偿限额。

第六条 经证明油污损害是由于船舶所有人的故意或者明知可能造成此种损害而轻率地作为或者不作为造成的，船舶所有人主张限制赔偿责任，人民法院不予支持。

第七条 油污损害是由于船舶所有人故意造成的，受损害人请求船舶油污损害责任保险人或者财务保证人赔偿，人民法院不予支持。

第八条　受损害人直接向船舶油污损害责任保险人或者财务保证人提起诉讼，船舶油污损害责任保险人或者财务保证人可以对受损害人主张船舶所有人的抗辩。

除船舶所有人故意造成油污损害外，船舶油污损害责任保险人或者财务保证人向受损害人主张其对船舶所有人的抗辩，人民法院不予支持。

第九条　船舶油污损害赔偿范围包括：

（一）为防止或者减轻船舶油污损害采取预防措施所发生的费用，以及预防措施造成的进一步灭失或者损害；

（二）船舶油污事故造成该船舶之外的财产损害以及由此引起的收入损失；

（三）因油污造成环境损害所引起的收入损失；

（四）对受污染的环境已采取或将要采取合理恢复措施的费用。

第十条　对预防措施费用以及预防措施造成的进一步灭失或者损害，人民法院应当结合污染范围、污染程度、油类泄漏量、预防措施的合理性、参与清除油污人员及投入使用设备的费用等因素合理认定。

第十一条　对遇险船舶实施防污措施，作业开始时的主要目的仅是为防止、减轻油污损害的，所发生的费用应认定为预防措施费用。

作业具有救助遇险船舶、其他财产和防止、减轻油污损害的双重目的，应根据目的的主次比例合理划分预防措施费用与救助措施费用；无合理依据区分主次目的的，相关费用应平均分摊。但污染危险消除后发生的费用不应列为预防措施费用。

第十二条　船舶泄漏油类污染其他船舶、渔具、养殖设施等财产，受损害人请求油污责任人赔偿因清洗、修复受污染财产支付的合理费用，人民法院应予支持。

受污染财产无法清洗、修复，或者清洗、修复成本超过其价值的，受损害人请求油污责任人赔偿合理的更换费用，人民法院应予支持，但应参照受污染财产实际使用年限与预期使用年限的比例作合理扣除。

第十三条 受损害人因其财产遭受船舶油污，不能正常生产经营的，其收入损失应以财产清洗、修复或者更换所需合理期间为限进行计算。

第十四条 海洋渔业、滨海旅游业及其他用海、临海经营单位或者个人请求因环境污染所遭受的收入损失，具备下列全部条件，由此证明收入损失与环境污染之间具有直接因果关系的，人民法院应予支持：

（一）请求人的生产经营活动位于或者接近污染区域；

（二）请求人的生产经营活动主要依赖受污染资源或者海岸线；

（三）请求人难以找到其他替代资源或者商业机会；

（四）请求人的生产经营业务属于当地相对稳定的产业。

第十五条 未经相关行政主管部门许可，受损害人从事海上养殖、海洋捕捞，主张收入损失的，人民法院不予支持；但请求赔偿清洗、修复、更换养殖或者捕捞设施的合理费用，人民法院应予支持。

第十六条 受损害人主张因其财产受污染或者因环境污染造成的收入损失，应以其前三年同期平均净收入扣减受损期间的实际净收入计算，并适当考虑影响收入的其他相关因素予以合理确定。

按照前款规定无法认定收入损失的，可以参考政府部门的相关统计数据和信息，或者同区域同类生产经营者的同期平均收入合理认定。

受损害人采取合理措施避免收入损失，请求赔偿合理措施的费用，人民法院应予支持，但以其避免发生的收入损失数额为限。

第十七条 船舶油污事故造成环境损害的，对环境损害的赔偿应限于已实际采取或者将要采取的合理恢复措施的费用。恢复措施的费用包括合理的监测、评估、研究费用。

第十八条 船舶取得有效的油污损害民事责任保险或者具有相应财务保证的，油污受损害人主张船舶优先权的，人民法院不予支持。

第十九条 对油轮装载的非持久性燃油、非油轮装载的燃油造成油污损害的赔偿请求，适用海商法关于海事赔偿责任限制的规定。

同一海事事故造成前款规定的油污损害和海商法第二百零七条规定的可以限制赔偿责任的其他损害，船舶所有人依照海商法第十一章的规定主张在同一赔偿限额内限制赔偿责任的，人民法院应予支持。

第二十条 为避免油轮装载的非持久性燃油、非油轮装载的燃油造成油污损害，对沉没、搁浅、遇难船舶采取起浮、清除或者使之无害措施，船舶所有人对由此发生的费用主张依照海商法第十一章的规定限制赔偿责任的，人民法院不予支持。

第二十一条 对油轮装载持久性油类造成的油污损害，船舶所有人，或者船舶油污责任保险人、财务保证人主张责任限制的，应当设立油污损害赔偿责任限制基金。

油污损害赔偿责任限制基金以现金方式设立的，基金数额为《防治船舶污染海洋环境管理条例》《1992 年国际油污损害民事责任公约》规定的赔偿限额。以担保方式设立基金的，担保数额为基金数额及其在基金设立期间的利息。

第二十二条 船舶所有人、船舶油污损害责任保险人或者财务保证人申请设立油污损害赔偿责任限制基金，利害关系人对船舶所有人主张限制赔偿责任有异议的，应当在海事诉讼特别程序法第一百零六条第一款规定的异议期内以书面形式提出，但提出该异议不影响基金的设立。

第二十三条 对油轮装载持久性油类造成的油污损害，利害关系人没有在异议期内对船舶所有人主张限制赔偿责任提出异议，油污损害赔偿责任限制基金设立后，海事法院应当解除对船舶所有人的财产采取的保全措施或者发还为解除保全措施而提供的担保。

第二十四条 对油轮装载持久性油类造成的油污损害，利害关系人在异议期内对船舶所有人主张限制赔偿责任提出异议的，人民法院在认定船舶所有人有权限制赔偿责任的裁决生效后，应当解除对船舶所有人的财产采取的保全措施或者发还为解除保全措施而提供的担保。

第二十五条 对油轮装载持久性油类造成的油污损害，受损害人提起诉讼时主张船舶所有人无权限制赔偿责任的，海事法院对船舶所有人是否有权限制赔偿责任的争议，可以先行审理并作出判决。

第二十六条 对油轮装载持久性油类造成的油污损害，受损害人没有在规定的债权登记期间申请债权登记的，视为放弃在油污损害赔偿责任限制基金中受偿的权利。

第二十七条 油污损害赔偿责任限制基金不足以清偿有关油污损害的，应根据确认的赔偿数额依法按比例分配。

第二十八条 对油轮装载持久性油类造成的油污损害，船舶所有人、船舶油污损害责任保险人或者财务保证人申请设立油污损害赔偿责任限制基金、受损害人申请债权登记与受偿，本规定没有规定的，适用海事诉讼特别程序法及相关司法解释的规定。

第二十九条 在油污损害赔偿责任限制基金分配以前，船舶所有人、船舶油污损害责任保险人或者财务保证人，已先行赔付油污损害的，可以书面申请从基金中代位受偿。代位受偿应限于赔付的范围，并不超过接受赔付的人依法可获得的赔偿数额。

海事法院受理代位受偿申请后，应书面通知所有对油污损害赔偿责任限制基金提出主张的利害关系人。利害关系人对申请人主张代位受偿的权利有异议的，应在收到通知之日起十五日内书面提出。

海事法院经审查认定申请人代位受偿权利成立，应裁定予以确认；申请人主张代位受偿的权利缺乏事实或者法律依据的，裁定驳回其申请。当事人对裁定不服的，可以在收到裁定书之日起十日内提起上诉。

第三十条 船舶所有人为主动防止、减轻油污损害而支出的合理费用或者所作的合理牺牲，请求参与油污损害赔偿责任限制基金分配的，人民法院应予支持，比照本规定第二十九条第二款、第三款的规定处理。

第三十一条 本规定中下列用语的含义是：

（一）船舶，是指非用于军事或者政府公务的海船和其他海上移动式装置，包括航行于国际航线和国内航线的油轮和非油轮。其中，油轮是指为运输散装持久性货油而建造或者改建的船舶，以及实际装载散装持久性货油的其他船舶。

（二）油类，是指烃类矿物油及其残余物，限于装载于船上作为货物运输的持久性货油、装载用于本船运行的持久性和非持久性燃油，不包括装载于船上作为货物运输的非持久性货油。

（三）船舶油污事故，是指船舶泄漏油类造成油污损害，或者虽未泄漏油类但形成严重和紧迫油污损害威胁的一个或者一系列事件。一系列事件因同一原因而发生的，视为同一事故。

（四）船舶油污损害责任保险人或者财务保证人，是指海事事故中泄漏油类或者直接形成油污损害威胁的船舶一方的油污责任保险人或者财务保证人。

（五）油污损害赔偿责任限制基金，是指船舶所有人、船舶油污损害责任保险人或者财务保证人，对油轮装载持久性油类造成的油污损害申请设立的赔偿责任限制基金。

第三十二条 本规定实施前本院发布的司法解释与本规定不一致的，以本规定为准。

本规定施行前已经终审的案件，人民法院进行再审时，不适用本规定。

最高人民法院

关于审理海上货运代理纠纷案件若干问题的规定

（2012 年 1 月 9 日最高人民法院审判委员会第 1538 次会议通过
根据 2020 年 12 月 23 日最高人民法院审判委员会第 1823 次会议通过的《最高人民法院关于修改〈最高人民法院关于破产企业国有划拨土地使用权应否列入破产财产等问题的批复〉等二十九件商事类司法解释的决定》修正）

为正确审理海上货运代理纠纷案件，依法保护当事人合法权益，根据《中华人民共和国民法典》《中华人民共和国海商法》《中华人民共和国民事诉讼法》和《中华人民共和国海事诉讼特别程序法》等有关法律规定，结合审判实践，制定本规定。

第一条 本规定适用于货运代理企业接受委托人委托处理与海上货物运输有关的货运代理事务时发生的下列纠纷：

（一）因提供订舱、报关、报检、报验、保险服务所发生的纠纷；

（二）因提供货物的包装、监装、监卸、集装箱装拆箱、分拨、中转服务所发生的纠纷；

（三）因缮制、交付有关单证、费用结算所发生的纠纷；

（四）因提供仓储、陆路运输服务所发生的纠纷；

（五）因处理其他海上货运代理事务所发生的纠纷。

第二条 人民法院审理海上货运代理纠纷案件，认定货运代理企业因处理海上货运代理事务与委托人之间形成代理、运输、仓储等不同法律关系的，应分别适用相关的法律规定。

第三条 人民法院应根据书面合同约定的权利义务的性质，并综合考虑货运代理企业取得报酬的名义和方式、开具发票的种类和收费项目、当事人之间的交易习惯以及合同实际履行的其他情况，认定海上货运代理合同关系是否成立。

第四条 货运代理企业在处理海上货运代理事务过程中以自己的名义签发提单、海运单或者其他运输单证，委托人据此主张货运代理企业承担承运人责任的，人民法院应予支持。

货运代理企业以承运人代理人名义签发提单、海运单或者其他运输单证，但不能证明取得承运人授权，委托人据此主张货运代理企业承担承运人责任的，人民法院应予支持。

第五条 委托人与货运代理企业约定了转委托权限，当事人就权限范围内的海上货运代理事务主张委托人同意转委托的，人民法院应予支持。

没有约定转委托权限，货运代理企业或第三人以委托人知道货运代理企业将海上货运代理事务转委托或部分转委托第三人处理而未表示反对为由，主张委托人同意转委托的，人民法院不予支持，但委托人的行为明确表明其接受转委托的除外。

第六条 一方当事人根据双方的交易习惯，有理由相信行为人有权代表对方当事人订立海上货运代理合同，该方当事人依据民法典第一百七十二条的规定主张合同成立的，人民法院应予支持。

第七条 海上货运代理合同约定货运代理企业交付处理海上货运代理事务取得的单证以委托人支付相关费用为条件，货运代理企业以委托人未支付相关费用为由拒绝交付单证的，人民法院应予支持。

合同未约定或约定不明确，货运代理企业以委托人未支付相关费用为由拒绝交付单证的，人民法院应予支持，但提单、海运单或者其他运输单证除外。

第八条 货运代理企业接受契约托运人的委托办理订舱事务，同时接受实际托运人的委托向承运人交付货物，实际托运人请求货运代理企业交付其取得的提单、海运单或者其他运输单证的，人民法院应予支持。

契约托运人是指本人或者委托他人以本人名义或者委托他人为本人与承运人订立海上货物运输合同的人。

实际托运人是指本人或者委托他人以本人名义或者委托他人为本人将货物交给与海上货物运输合同有关的承运人的人。

第九条 货运代理企业按照概括委托权限完成海上货运代理事务，请求委托人支付相关合理费用的，人民法院应予支持。

第十条 委托人以货运代理企业处理海上货运代理事务给委托人造成损失为由，主张由货运代理企业承担相应赔偿责任的，人民法院应予支持，但货运代理企业证明其没有过错的除外。

第十一条 货运代理企业未尽谨慎义务，与未在我国交通主管部门办理提单登记的无船承运业务经营者订立海上货物运输合同，造成委托人损失的，应承担相应的赔偿责任。

第十二条 货运代理企业接受未在我国交通主管部门办理提单登记的无船承运业务经营者的委托签发提单，当事人主张由货运代理企业和无船承运业务经营者对提单项下的损失承担连带责任的，人民法院应予支持。

货运代理企业承担赔偿责任后，有权向无船承运业务经营者追偿。

第十三条 因本规定第一条所列纠纷提起的诉讼，由海事法院管辖。

第十四条 人民法院在案件审理过程中，发现不具有无船承运业务经营资格的货运代理企业违反《中华人民共和国国际海运条例》的规定，以自己的名义签发提单、海运单或者其他运输单证的，应当向有关交通主管部门发出司法建议，建议交通主管部门予以处罚。

第十五条 本规定不适用于与沿海、内河货物运输有关的货运代理纠纷案件。

第十六条 本规定施行前本院作出的有关司法解释与本规定相抵触的，以本规定为准。

本规定施行后，案件尚在一审或者二审阶段的，适用本规定；本规定施行前已经终审的案件，本规定施行后当事人申请再审或者按照审判监督程序决定再审的案件，不适用本规定。

部门规章、部门规章性文件与解读

中国银保监会

保险公司偿付能力管理规定

（2020年6月11日中国银保监会2020年第9次委务会议审议通过
2021年1月15日中国银行保险监督管理委员会令
2021年第1号公布　自2021年3月1日起施行）

第一章　总　　则

第一条　为加强保险公司偿付能力监管，有效防控保险市场风险，维护保单持有人利益，根据《中华人民共和国保险法》，制定本规定。

第二条　本规定所称保险公司，是指依法在中国境内设立的经营商业保险业务的保险公司和外国保险公司分公司。

第三条　本规定所称偿付能力，是保险公司对保单持有人履行赔付义务的能力。

第四条　保险公司应当建立健全偿付能力管理体系，有效识别管理各类风险，不断提升偿付能力风险管理水平，及时监测偿付能力状况，编报偿付能力报告，披露偿付能力相关信息，做好资本规划，确保偿付能力达标。

第五条　中国银保监会以风险为导向，制定定量资本要求、定性监管要求、市场约束机制相结合的偿付能力监管具体规则，对保险公司偿付能力充足率状况、综合风险、风险管理能力进行全面评价和监督检查，并依法采取监管措施。

第六条 偿付能力监管指标包括：

（一）核心偿付能力充足率，即核心资本与最低资本的比值，衡量保险公司高质量资本的充足状况；

（二）综合偿付能力充足率，即实际资本与最低资本的比值，衡量保险公司资本的总体充足状况；

（三）风险综合评级，即对保险公司偿付能力综合风险的评价，衡量保险公司总体偿付能力风险的大小。

核心资本，是指保险公司在持续经营和破产清算状态下均可以吸收损失的资本。

实际资本，是指保险公司在持续经营或破产清算状态下可以吸收损失的财务资源。

最低资本，是指基于审慎监管目的，为使保险公司具有适当的财务资源应对各类可量化为资本要求的风险对偿付能力的不利影响，所要求保险公司应当具有的资本数额。

核心资本、实际资本、最低资本的计量标准等监管具体规则由中国银保监会另行规定。

第七条 保险公司逆周期附加资本、系统重要性保险机构附加资本的计提另行规定。

第八条 保险公司同时符合以下三项监管要求的，为偿付能力达标公司：

（一）核心偿付能力充足率不低于50%；

（二）综合偿付能力充足率不低于100%；

（三）风险综合评级在B类及以上。

不符合上述任意一项要求的，为偿付能力不达标公司。

第二章　保险公司偿付能力管理

第九条　保险公司董事会和高级管理层对本公司的偿付能力管理工作负责；总公司不在中国境内的外国保险公司分公司的高级管理层对本公司的偿付能力管理工作负责。

第十条　保险公司应当建立健全偿付能力风险管理的组织架构，明确董事会及其相关专业委员会、高级管理层和相关部门的职责与权限，并指定一名高级管理人员作为首席风险官负责偿付能力风险管理工作。

保险公司应当通过聘用协议、书面承诺等方式，明确对于造成公司偿付能力风险和损失的董事和高级管理人员，公司有权追回已发的薪酬。

未设置董事会及相关专业委员会的外国保险公司分公司，由高级管理层履行偿付能力风险管理的相关职责。

第十一条　保险公司应当建立完备的偿付能力风险管理制度和机制，加强对保险风险、市场风险、信用风险、操作风险、战略风险、声誉风险和流动性风险等固有风险的管理，以有效降低公司的控制风险。

固有风险，是指在现有的正常的保险行业物质技术条件和生产组织方式下，保险公司在经营和管理活动中必然存在的客观的偿付能力相关风险。

控制风险，是指因保险公司内部管理和控制不完善或无效，导致固有风险未被及时识别和控制的偿付能力相关风险。

第十二条　保险公司应当按照保险公司偿付能力监管具体规则，定期评估公司的偿付能力充足状况，计算核心偿付能力充足率和综合偿付能力充足率，按规定要求报送偿付能力报告，并对其真实性、完整性和合规性负责。

第十三条　保险公司应当按照中国银保监会的规定开展偿付能力压

力测试，对未来一定时间内不同情景下的偿付能力状况及趋势进行预测和预警，并采取相应的预防措施。

第十四条 保险公司应当建立偿付能力数据管理制度，明确职责分工，完善管理机制，强化数据管控，确保各项偿付能力数据真实、准确、完整。

第十五条 保险公司应当按年度滚动编制公司三年资本规划，经公司董事会批准后，报送中国银保监会及其派出机构。保险公司应建立发展战略、经营规划、机构设立、产品设计、资金运用与资本规划联动的管理决策机制，通过优化业务结构、资产结构，提升内生资本的能力，运用适当的外部资本工具补充资本，保持偿付能力充足。

第三章 市场约束与监督

第十六条 保险公司应当按照中国银保监会制定的保险公司偿付能力监管具体规则，每季度公开披露偿付能力季度报告摘要，并在日常经营的有关环节，向保险消费者、股东、潜在投资者、债权人等利益相关方披露和说明其偿付能力信息。

上市保险公司应当同时遵守证券监督管理机构相关信息披露规定。

第十七条 中国银保监会定期发布以下偿付能力信息：

（一）保险业偿付能力总体状况；

（二）偿付能力监管工作情况；

（三）中国银保监会认为需要发布的其他偿付能力信息。

第十八条 保险公司聘请的会计师事务所应当按照法律法规的要求，独立、客观地对保险公司偿付能力报告发表审计意见。

精算咨询机构、信用评级机构、资产评估机构、律师事务所等中介机构在保险业开展业务，应当按照法律法规和执业准则要求，发表意见或出具报告。

第十九条 保险消费者、新闻媒体、行业分析师、研究机构等可以就发现的保险公司存在未遵守偿付能力监管规定的行为，向中国银保监会反映和报告。

第四章 监管评估与检查

第二十条 中国银保监会及其派出机构通过偿付能力风险管理能力评估、风险综合评级等监管工具，分析和评估保险公司的风险状况。

第二十一条 中国银保监会及其派出机构定期对保险公司偿付能力风险管理能力进行监管评估，识别保险公司的控制风险。

保险公司根据评估结果计量控制风险的资本要求，并将其计入公司的最低资本。

第二十二条 中国银保监会及其派出机构通过评估保险公司操作风险、战略风险、声誉风险和流动性风险，结合其核心偿付能力充足率和综合偿付能力充足率，对保险公司总体风险进行评价，确定其风险综合评级，分为A类、B类、C类和D类，并采取差别化监管措施。

风险综合评级具体评价标准和程序由中国银保监会另行规定。中国银保监会可以根据保险业发展情况和监管需要，细化风险综合评级的类别。

第二十三条 中国银保监会及其派出机构建立以下偿付能力数据核查机制，包括：

（一）每季度对保险公司报送的季度偿付能力报告的真实性、完整性和合规性进行核查；

（二）每季度对保险公司公开披露的偿付能力季度报告摘要的真实性、完整性和合规性进行核查；

（三）对保险公司报送的其他偿付能力信息和数据进行核查。

核心偿付能力充足率低于60%或综合偿付能力充足率低于120%的

保险公司为重点核查对象。

第二十四条 中国银保监会及其派出机构对保险公司偿付能力管理实施现场检查，包括：

（一）偿付能力管理的合规性和有效性；

（二）偿付能力报告的真实性、完整性和合规性；

（三）风险综合评级数据的真实性、完整性和合规性；

（四）偿付能力信息公开披露的真实性、完整性和合规性；

（五）对中国银保监会及其派出机构监管措施的落实情况；

（六）中国银保监会及其派出机构认为需要检查的其他方面。

第五章 监管措施

第二十五条 中国银保监会及其派出机构将根据保险公司的风险成因和风险程度，依法采取针对性的监管措施，以督促保险公司恢复偿付能力或在难以持续经营的状态下维护保单持有人的利益。

第二十六条 对于核心偿付能力充足率低于 50% 或综合偿付能力充足率低于 100% 的保险公司，中国银保监会应当采取以下第（一）项至第（四）项的全部措施：

（一）监管谈话；

（二）要求保险公司提交预防偿付能力充足率恶化或完善风险管理的计划；

（三）限制董事、监事、高级管理人员的薪酬水平；

（四）限制向股东分红。

中国银保监会还可以根据其偿付能力充足率下降的具体原因，采取以下第（五）项至第（十二）项的措施：

（五）责令增加资本金；

（六）责令停止部分或全部新业务；

（七）责令调整业务结构，限制增设分支机构，限制商业性广告；

（八）限制业务范围、责令转让保险业务或责令办理分出业务；

（九）责令调整资产结构，限制投资形式或比例；

（十）对风险和损失负有责任的董事和高级管理人员，责令保险公司根据聘用协议、书面承诺等追回其薪酬；

（十一）依法责令调整公司负责人及有关管理人员；

（十二）中国银保监会依法根据保险公司的风险成因和风险程度认为必要的其他监管措施。

对于采取上述措施后偿付能力未明显改善或进一步恶化的，由中国银保监会依法采取接管、申请破产等监管措施。

中国银保监会可以视具体情况，依法授权其派出机构实施必要的监管措施。

第二十七条 对于核心偿付能力充足率和综合偿付能力充足率达标，但操作风险、战略风险、声誉风险、流动性风险中某一类或某几类风险较大或严重的 C 类和 D 类保险公司，中国银保监会及其派出机构应根据风险成因和风险程度，采取针对性的监管措施。

第二十八条 保险公司未按规定报送偿付能力报告或公开披露偿付能力信息的，以及报送和披露虚假偿付能力信息的，中国银保监会及其派出机构依据《中华人民共和国保险法》等进行处罚。

第二十九条 保险公司聘请的会计师事务所的审计质量存在问题的，中国银保监会及其派出机构视具体情况采取责令保险公司更换会计师事务所、行业通报、向社会公众公布、不接受审计报告等措施，并移交注册会计师行业行政主管部门处理。

第三十条 精算咨询机构、信用评级机构、资产评估机构、律师事务所等中介机构在保险业开展业务时，存在重大疏漏或出具的意见、报告存在严重质量问题的，中国银保监会及其派出机构视具体情况采取责令保险公司更换中介机构、不接受报告、移交相关部门处理等措施。

第六章　附　则

第三十一条　保险集团、自保公司、相互保险组织适用本规定。相关法律法规另有规定的，从其规定。

第三十二条　外国保险公司分公司，如在中国境内有多家分公司，应当指定其中一家分公司合并评估所有在华分公司的偿付能力，并履行本规定的偿付能力管理职责，承担偿付能力管理责任。

第三十三条　本规定由中国银保监会负责解释和修订。

第三十四条　本规定自 2021 年 3 月 1 日起施行。《保险公司偿付能力管理规定》（中国保险监督管理委员会令 2008 年第 1 号）同时废止。

解读——

《保险公司偿付能力管理规定》

中国银保监会有关部门负责人

2021 年 1 月 15 日，中国银保监会修订发布《保险公司偿付能力管理规定》（以下简称《管理规定》）。中国银保监会有关部门负责人就相关问题进行了解读。

一、《管理规定》修订的背景

原《管理规定》（保监会令〔2008〕1 号）发布于 2008 年。实施 10 多年来，在加强和完善偿付能力监管、强化资本刚性约束、防范和化解保险业风险方面发挥了重要作用。2016 年，中国风险导向的偿付能力监管体系（以下简称偿二代）正式实施，原《管理规定》已不能完全适应偿二代实施后的实际，需要及时总结吸收偿二代建设实施的最新成果以及监管实践中好的经验做法，提升偿付能力监管规章的科学性和有效性。因此，偿二代实施后，保监会就启动了对原《管理规定》的修订工作，2017 年形成了初稿。银保监会成立以来，根据偿付能力监管面临的新形势新要求，对初稿进行了梳理、研究和完善，广泛征求各方意见，形成了修订后的《管理规定》。

二、《管理规定》在偿付能力监管框架方面的规定

《管理规定》明确，中国银保监会以风险为导向，制定定量监管要求、定性监管要求、市场约束机制相结合的偿付能力监管规则。与原《管理规定》相比，修订后的《管理规定》明确了偿付能力监管的三支柱框架体系。第一支柱定量监管要求，即通过对保险公司提出量化资本要求，防范保险风险、市场风险、信用风险三类可资本化风险；第二支柱定性监管要求，即在第一支柱基础上，防范操作风险、战略风险、声誉风险和流动性风险四类难以资本化的风险；第三支柱市场约束机制，即在第一支柱和第二支柱基础上，通过公开信息披露、提高透明度等手段，发挥市场的监督约束作用，防范依靠常规监管工具难以防范的风险。三支柱相互联系，共同作用，构成保险业完整的偿付能力风险防范网。

三、《管理规定》规定的偿付能力监管指标和达标标准

原《管理规定》下的偿付能力监管指标为偿付能力充足率，不低于100%即为偿付能力达标公司。根据三支柱监管框架体系，修订后的《管理规定》将监管指标扩展为核心偿付能力充足率、综合偿付能力充足率、风险综合评级三个有机联系的指标。具体来说，核心偿付能力充足率衡量保险公司高质量资本的充足状况，不得低于50%；综合偿付能力充足率衡量保险公司资本的总体充足状况，不得低于100%；风险

综合评级衡量保险公司总体偿付能力风险（包括可资本化风险和难以资本化风险）的大小，不得低于B类。以上三个指标均符合监管要求的保险公司，为偿付能力达标公司；其中任一指标不符合监管要求的，为偿付能力不达标公司。

四、《管理规定》在强化保险公司偿付能力管理的主体责任方面的规定

保险公司是偿付能力管理的主体，其自身管理架构的科学性、制度流程的完备性、数据信息的可靠性等决定了其偿付能力管理水平。《管理规定》进一步强化了保险公司偿付能力管理的主体责任，包括：要求保险公司建立健全偿付能力风险管理的组织架构；要求建立完备的偿付能力风险管理制度和机制；要求建立偿付能力数据管理制度和机制；要求制定三年滚动资本规划等。

《管理规定》明确监管部门定期对保险公司的偿付能力风险管理能力进行监管评估，并要求保险公司根据评估结果计量控制风险的资本要求。《管理规定》将保险公司风险管理能力与资本要求相挂钩，有助于进一步强化保险公司偿付能力管理和风险防控的主体责任，激励和引导保险公司不断提升风险管理水平。

五、《管理规定》在偿付能力监督检查方面的主要要求

根据保险业发展实际和我国偿付能力监管实践，《管理规定》进一步强化了偿付能力监管检查要求。一是建立偿付能力数据核查机制。监管部门每季度对保险公司报送的季度偿付能力报告、公开披露的偿付能力信息以及其他偿付能力信息和数据进行核查。二是明确核查重点。核心偿付能力充足率低于60%或综合偿付能力充足率低于120%的保险公司，将作为重点核查对象。三是强化偿付能力现场检查。监管部门对保险公司开展偿付能力现场检查，内容包括偿付能力管理的合规性和有效

性，偿付能力报告的真实性、完整性和合规性，风险综合评级数据的真实性、完整性和合规性，偿付能力信息公开披露的真实性、完整性和合规性，对监管措施的落实情况，等等。

六、《管理规定》在提升偿付能力信息透明度、强化市场约束方面的主要要求

《管理规定》明确了保险公司偿付能力信息公开披露和监管部门偿付能力信息发布要求，进一步提升了信息透明度，有助于强化相关方对保险公司的监督约束作用，更有效地防控偿付能力风险。《管理规定》要求保险公司应当每季度公开披露偿付能力季度报告摘要，并在日常经营的有关环节，向保险消费者、股东、潜在投资者、债权人等利益相关方披露和说明其偿付能力信息；监管部门应当定期发布保险业偿付能力总体状况、偿付能力监管工作情况等信息。

七、根据《管理规定》，监管部门对偿付能力不达标的保险公司采取的监管措施

《管理规定》明确，对于偿付能力不达标公司，监管部门应当根据其风险成因和风险程度采取针对性的监管措施。

对于偿付能力充足率不达标的公司，《管理规定》将监管措施分为必须采取的措施和根据其风险成因选择采取的措施。必须采取的措施包括监管谈话，要求保险公司提交预防偿付能力充足率恶化或完善风险管理的计划，限制董事、监事和高级管理人员的薪酬水平，限制向股东分红等。除上述必须采取的措施外，监管部门还可以根据其偿付能力充足率不达标的具体原因，采取责令增加资本金、责令停止部分或全部新业务、责令调整业务结构、限制增设分支机构等措施。对于采取上述措施后偿付能力未明显改善或进一步恶化的，监管部门依法采取接管、申请破产等监管措施。

对于核心偿付能力充足率和综合偿付能力充足率达标，但操作风险、战略风险、声誉风险、流动性风险中某一类或某几类风险较大或严重的 C 类和 D 类保险公司，监管部门应根据风险成因和风险程度采取监管措施。

（来源：中国银保监会网站）

中国银保监会办公厅　中国人民银行办公厅
关于规范商业银行通过互联网开展个人存款业务有关事项的通知

2021 年 1 月 13 日　　　　　　　　银保监办发〔2021〕9 号

各银保监局，中国人民银行上海总部、各分行、营业管理部、各省会（首府）城市中心支行、各副省级城市中心支行，各大型银行、股份制商业银行、外资银行：

为规范商业银行通过互联网开展个人存款业务，维护市场秩序，防范金融风险，保护金融消费者合法权益，经银保监会、人民银行同意，现就有关事项通知如下：

一、商业银行通过互联网开展存款业务，应当严格遵守《中华人民共和国商业银行法》《中华人民共和国银行业监督管理法》《储蓄管理条例》等法律法规和金融监管部门的相关规定，不得借助网络技术等手段违反监管规定、规避监管要求。

二、商业银行通过互联网开展存款业务，应当严格执行存款计结息规则和市场利率定价自律机制相关规定，自觉维护存款市场竞争秩序。

三、商业银行通过营业网点、自营网络平台等多种渠道开展存款业务，应当增强服务意识，提供优质便捷的金融服务，积极满足公众存款需求。本通知所称自营网络平台是指商业银行根据业务需要，依法设立的独立运营、享有完整数据权限的网络平台。

四、商业银行不得通过非自营网络平台开展定期存款和定活两便存款业务，包括但不限于由非自营网络平台提供营销宣传、产品展示、信息传输、购买入口、利息补贴等服务。本通知印发前，商业银行已经开展的存量业务到期自然结清。相关商业银行要落实主体责任，做好客户沟通解释工作，稳妥有序处理存量业务。

五、商业银行通过互联网开展存款业务，应当符合产品开发业务流程要求，明确董事会、高级管理层和相关部门的职责分工，制定风险管理政策和程序，全面评估业务风险，持续识别、监测和控制各类风险。

六、商业银行应当强化互联网渠道存款销售管理，在相关页面醒目位置向公众充分披露产品相关信息、揭示产品风险，切实保护消费者的知情权、自主选择权等权利。商业银行不得利用存款保险制度内容进行不当营销宣传。

七、商业银行应当采用有效技术手段，按照行业网络安全、数据安全相关标准规范，加强网络安全防护，确保商业银行与存款人之间传输信息、签署协议、记录交易等各个环节数据的保密性、完整性和真实性，保障存款人信息安全。

八、商业银行通过互联网开展存款业务，应当严格遵守银行账户管理和反洗钱相关规定，完善客户身份识别制度，采取有效措施，独立完成客户身份的识别和核实，发现可疑交易及时报告。

九、商业银行应当按照规定加强资产负债管理和流动性风险管理，提高负债来源的多元化和稳定程度，合理控制负债成本。

十、商业银行应当在个人存款项目下单独设置互联网渠道存款统计科目，加强监测分析。

十一、地方性法人商业银行要坚守发展定位，确保通过互联网开展的存款业务，立足于服务已设立机构所在区域的客户。无实体经营网点，业务主要在线上开展，且符合银保监会规定条件的除外。

十二、银保监会及其派出机构可以根据商业银行的风险水平对其跨区域存款规模限额等提出审慎性监管要求，同时按照“一行一策”和“平稳过渡”的原则，督促商业银行对不符合本通知要求的存款业务制定整改计划，并确保有序稳妥落实。

十三、银保监会、人民银行各级机构依照法定职责加强对商业银行互联网渠道存款业务的监督检查。对商业银行通过互联网开展存款业务涉及的各类违法违规行为，依法采取监管措施或者实施行政处罚。

十四、其他银行业金融机构通过互联网开展存款业务，适用以上规定。

解读——

《关于规范商业银行通过互联网开展个人存款业务有关事项的通知》

中国银保监会、中国人民银行有关部门负责人

为加强对商业银行通过互联网开展个人存款业务的监督管理，维护市场秩序，防范金融风险，保护消费者合法权益，中国银保监会办公厅、中国人民银行办公厅2021年1月13日印发了《关于规范商业银行

通过互联网开展个人存款业务有关事项的通知》（以下简称《通知》）。中国银保监会和中国人民银行有关部门负责人对《通知》进行了解读。

一、《通知》制定的背景

近年来，商业银行为适应互联网金融发展的趋势，陆续通过互联网销售个人存款产品，在拓宽银行获客渠道、提高服务效率等方面进行了有益探索。然而，在发展过程中，也暴露出一些风险隐患，比如产品管理不规范、消费者保护不到位等。当前，对商业银行通过互联网开展存款业务，尚缺少针对性的监管制度。因此，亟待补齐制度短板，引导商业银行规范开展互联网渠道存款业务。

二、《通知》对商业银行通过互联网开展存款业务提出的监管要求

《通知》结合商业银行通过互联网开展存款业务的实际情况，有针对性地提出了相应监管要求：一是坚持依法合规。商业银行通过互联网开展存款业务，应当严格遵守法律法规和监管规定，不得借助网络等手段违反或者规避监管规定。二是强化风控管理。商业银行通过互联网开展存款业务，应当评估业务风险，完善风险治理架构。同时，持续监测和控制各类风险。三是规范销售行为。商业银行应当强化互联网渠道存款销售管理和网络安全防护，切实保护消费者合法权益，保障消费者个人信息安全。四是坚守发展定位。地方性法人商业银行应当确保通过互联网开展的存款业务，立足于服务已设立机构所在区域的客户。

三、《通知》明确商业银行不得通过非自营网络平台开展定期存款等业务的原因

金融管理部门始终坚持审慎包容的监管导向，支持商业银行按照依法合规、风险可控的原则与非自营网络平台开展业务合作，更好地支持

实体经济发展、服务人民生活。同时，依法将金融活动全面纳入监管，对同类业务、同类主体一视同仁。目前，保险公司、基金公司等通过非自营网络平台销售相关产品受到相应监管。存款作为最基础的金融服务，理应受到更为严格的监管。

商业银行通过非自营网络平台开展存款业务，是互联网金融快速发展的产物，最近业务规模增长较快。但该业务在发展过程中也暴露出一些风险隐患，涉嫌违反相关监管规定和市场利率定价自律机制相关要求，突破地方法人银行经营区域限制，并且非自营网络平台存款产品稳定性较差，对商业银行的流动性管理也带来挑战。因此，为防范金融风险，依法对上述定期存款以及定活两便存款业务予以叫停。需要指出的是，商业银行与非自营网络平台进行合作，通过开立Ⅱ类账户充值，为社会公众购买服务、进行消费等提供便利，这部分业务不受影响，可继续开展。

四、《通知》对已经通过商业银行非自营网络平台进行存款的消费者的影响

《通知》明确，商业银行通过非自营网络平台已经办理的存款业务，到期后自然结清。在此期间，相关存款依法受到保护，消费者可以依据法律规定和存款协议到期取款或者提前支取。商业银行应当继续提供查询、资金划转等相关服务，切实保障消费者合法权益。

五、《通知》发布实施后如何推动商业银行稳妥整改、平稳过渡

目前，相关商业银行通过非自营网络平台开展的存款业务规模不一，各自的经营状况也有所差别。为避免次生风险，《通知》明确监管部门可根据相关商业银行的风险水平，按照“一行一策”和“平稳过渡”的原则，督促商业银行稳妥有序整改。

（来源：国务院网站）

地方司法业务文件与解读

天津市高级人民法院

关于全面推进金融纠纷多元化解工作的实施意见

（2020 年 12 月 7 日）

为向当事人提供更多可供选择的金融纠纷解决方式，促使非诉讼纠纷解决方式更加便捷高效，提升金融纠纷化解效率，有效防范化解金融风险，根据《中华人民共和国民事诉讼法》《中华人民共和国人民调解法》《最高人民法院关于建立健全诉讼与非诉讼相衔接的矛盾纠纷解决机制的若干意见》《最高人民法院关于人民法院进一步深化多元化纠纷解决机制改革的意见》《最高人民法院关于进一步推进案件繁简分流优化司法资源配置的若干意见》《最高人民法院关于建设一站式多元解纷机制、一站式诉讼服务中心的意见》《最高人民法院、中国人民银行、中国银行保险监督管理委员会关于全面推进金融纠纷多元化解机制建设的意见》《最高人民法院关于人民法院深化"分调裁审"机制改革的意见》等规定，结合我市法院工作实际，制定本意见。

第一条【主要任务】

充分发挥人民法院、金融监管部门、保险业人民调解委员会、证券业纠纷人民调解委员会、金融消费纠纷调解中心、金融纠纷调解中心、金融机构等各方面的作用，加强诉讼与人民调解、行政调处、商事调解、行业调解等纠纷解决方式之间的有效衔接，推动形成“一站式”金融纠纷多元化解机制。

第二条【适用范围】

本意见适用于平等民商事主体之间因金融业务产生的合同和侵权责任纠纷。纠纷类型包括金融借款合同纠纷、银行卡纠纷、储蓄存款合同纠纷、委托理财合同纠纷、证券期货纠纷、保险合同纠纷、票据纠纷、信用证纠纷、融资租赁合同纠纷、保理合同纠纷以及支付领域的金融消费纠纷等。

第三条【诉前告知程序】

人民法院在金融纠纷案件登记立案前，可向当事人释明非诉解纷方式在人力、时间、经济成本上的优势，积极引导当事人优先选择非诉方式解决纠纷，为当事人提供诉讼常识的释明和辅导。对于可由保险业人民调解委员会、证券业纠纷人民调解委员会、金融消费纠纷调解中心、金融纠纷调解中心等调解的金融纠纷，应告知当事人可申请相关调解组织进行调解；对于可通过在线方式调解的金融纠纷，应告知当事人申请在线调解的途径和方法；对于金融合同约定有效仲裁条款的，应告知当事人向仲裁机构申请仲裁。

第四条【与金融监管部门的协作】

主动加强与中国人民银行天津分行、中国证券监督管理委员会天津监管局、中国银行保险监督管理委员会天津监管局、天津市地方金融监督管理局的沟通协作，指派专人负责日常联络工作，畅通与金融监管部门的工作对接，加强信息共享，协调重大典型金融纠纷案件的调解工作。对于审判中发现的金融风险隐患，及时以司法建议的方式向监管部门反馈意见，共建金融风险预警机制，从源头上预防金融纠纷，防止因个案引发区域性系统性金融风险。

第五条【与商事调解组织、行业调解组织的对接】

鼓励和支持金融监管部门、行业协会和其他社会组织建立健全专门的金融纠纷调解组织，分门别类组建调解员专家库。加强对调解员的业务指导和培训，通过庭审观摩、法律讲座、业务培训等方式提高调解员的纠纷化解能力。

第六条【委派调解】

在登记立案前，经当事人申请或征得当事人同意后，人民法院可根据金融纠纷的类型，委派保险、证券、银行业、融资租赁、保理等相关调解组织进行调解。委派调解的金融纠纷案件，调解时限为30日，各方当事人同意的，可以适当延长，延长期限不超过30日。当事人不同意调解的，或者当事人在商定、指定时间内不能达成调解协议的，人民法院应及时登记立案。

第七条【委托调解】

登记立案后或者在审理过程中，经当事人申请或征得当事人同意后，人民法院可以委托前述调解组织进行调解。当事人可以协商选定调解组织，也可商请人民法院确定。委托调解的金融纠纷案件，适用普通程序的调解期限为15日，适用简易程序的调解期限为7日。各方当事人同意延长调解期限的，不受此限，延长的调解期限不计入审理期限。委派调解和委托调解的期限自金融纠纷调解组织签收法院移交材料之日起计算。

第八条【邀请调解】

对于已经立案的金融纠纷案件，人民法院可以邀请相关调解组织或者调解员与审判组织共同进行调解。达成调解协议的，可以准许当事人撤诉，或者由人民法院审查后制作调解书。调解不成的，应当及时审判。

第九条【调解协议的司法确认】

调解后达成的具有民事权利义务内容的调解协议，经双方当事人签字或者盖章，具有民事合同性质，当事人可以向有管辖权的人民法院依法申请确认效力。人民法院应及时对协议的效力、内容进行审查，经裁定确认有效的具有给付主体、内容的调解协议，一方拒绝履行，对方可以申请强制执行。人民法院可通过人民法院调解平台对调解协议进行在线司法确认。

第十条【申请支付令】

对于以金钱或者有价证券给付为内容的调解协议，债权人可依据民事诉讼法及司法解释的规定向有管辖权的基层人民法院申请支付令。申请书应当写明请求给付金钱或者有价证券的数量和所根据的事实、证据，并附调解协议原件。债务人未在法定期限内提出书面异议且逾期不履行支付令的，人民法院可以强制执行。

第十一条【在线纠纷解决方式】

邀请金融纠纷调解组织和调解员进驻人民法院调解平台，并向社会公开。引导当事人选择人民法院调解平台解决金融纠纷，并为其登陆、查询案件进程和结果提供便利。经当事人同意，人民法院可通过电话、短信、微信等方式开展在线调解工作。（人民法院调解平台网址：tiaojie. court. gov. cn）

第十二条【在线纠纷解决规则】

完善金融纠纷在线调解、在线立案、在线司法确认、在线审判、电子督促程序、电子送达等相关规则。对人民法院调解平台实时在线调解、电话调解、微信调解等调解过程录音录像，实现调解全程留痕，加强对在线调解的监督。

第十三条【在线送达】

推广约定送达地址送达和电子送达方式。对于金融合同约定有效送达地址的，人民法院可以将该地址作为送达诉讼文书的确认地址。当事人同意电子送达并约定电子送达地址的，可通过电子邮件、电话、传真、微信号等进行送达。

第十四条【金融纠纷调解室】

在现有的保险、证券、金融消费等调解设施的基础上，有条件的人民法院可根据本辖区金融案件的特点，引入相关金融调解组织在诉讼服务中心等设立调解工作室、调解窗口，方便调解组织和调解员参与调解工作。

第十五条【简案快审】

建立繁简分流信息化平台，实施智能算法加人工识别的案件繁简分流模式，合理确定简单案件的范围。对调解不成的简单金融纠纷，通过简易程序、小额诉讼程序、督促程序以及速裁机制分流案件。

第十六条【小额诉讼】

对于案件标的额为本市上年度就业人员年平均工资百分之三十以下的银行卡及支付领域等的金融消费纠纷，可适用小额诉讼程序审理。

第十七条【要素式审判】

对于金融借款合同纠纷、储蓄存款合同纠纷、信用卡纠纷、保险合同纠纷等类型化案件，可制作审判要素表，由当事人填写并据此进行举证和陈述，提高庭审效率。人民法院可制作要素式裁判文书，简化说理过程，并可当庭宣判。

第十八条【示范判决】

在审理涉及民事赔偿的群体性金融消费纠纷案件时，可选取在事实认定和法律适用上具有代表性的若干个案作为示范案件，先行审理并及时作出判决，以示范判决确立的事实认定和法律适用标准宣示法律规则，统一裁判标准，提高案件审判效率。

第十九条【经验总结与推广】

及时总结并推广保险、证券、金融消费等领域诉调对接机制的成功经验，鼓励其他金融行业参照建立诉调对接机制。人民法院及时收集诉调对接机制运行中存在的问题，推动协调解决。

第二十条【宣传工作】

充分利用新闻媒体和网络平台，通过发布金融纠纷多元化解典型案例、金融审判白皮书、示范判决、庭审直播以及邀请人大代表、政协委员、特邀监督员参与调解等方式，广泛宣传金融纠纷多元化解的有益经验，提升社会公众对于金融纠纷多元化解机制的认知度和信任度，引导当事人依法理性维权，及时解决纠纷。

新类型疑难案例选评

上海华信国际集团有限公司破产清算案

黄贤华　王益平　刘　琳*

【裁判要旨】

2019 年 12 月 18 日，香港高等法院夏利士法官（Justice Harris）签署命令（order），批准由上海破产法庭审理的上海华信国际集团有限公司破产清算案联合管理人提交的申请，承认该案内地破产清算程序和管理人资格，并提供普通法下的司法协助，中止个别债权人在香港提起的针对上海华信国际集团有限公司的法律程序。这是香港法院首次认可内地破产程序及管理人的案件，引起国内外破产法学界和实务界的高度关注，为两地签署跨境破产合作文件提供了实践样本，具有里程碑意义。①

* 作者单位：上海市第三中级人民法院。

① 夏利士法官在决定（decision）中披露，此案是“第一份由内地正在清算的公司管理人提出的承认他们的任命以及提供普通法下的司法协助的命令申请”（this is the first application for an order by administrators of a company in liquidation in the mainland for recognition of their appointment and judicial assistance at common law）。

【案件索引】

一审：上海市第三中级人民法院（2019）沪03破305号。

【基本案情】

上海华信国际集团有限公司（以下简称上海华信）于2003年2月在上海市浦东新区注册成立。2019年11月15日，上海破产法庭裁定受理了上海华信破产清算申请，并于11月24日指定联合管理人。联合管理人接管上海华信后发现，上海华信集团香港有限公司（以下简称香港华信）系上海华信在香港设立的全资子公司，在上海华信进入破产程序前，香港华信已在香港进入清盘程序。上海华信对香港华信享有72亿港元债权，已在清盘程序中进行了债权申报。2018年8月24日，香港法院缺席判决上海华信应向Right Time Global Investment SPC - Right Time Value Investment Fund SP（以下简称R基金）支付2900万欧元。为了执行该胜诉判决，R基金于2019年8月12日获得了关于上海华信对香港华信债权的暂时扣押令（Garnishee Order Nisi），香港高等法院将于2019年12月11日进行绝对债权扣押令（Garnishee Order Absolute）的听证。如果R基金获得该绝对债权扣押令，其将取代上海华信对香港华信债权人的地位，由香港华信直接向R基金作出清偿。

上海华信联合管理人遂向香港高等法院提出申请，请求承认内地破产程序及管理人资格。经报请最高人民法院，上海破产法庭按照香港法院的协助惯例，于2019年12月10日向香港高等法院发出《请求函》（Letter of Request，见附件1），载明上海华信在内地已进入破产程序并指定管理人，以及该管理人获得《企业破产法》和司法解释下的相应权利。

【裁判结果】

鉴于上述跨境破产承认与协助的提起，香港高等法院原定于 12 月 11 日进行的绝对债权扣押令听证延期。12 月 18 日，香港高等法院就上海华信承认和协助案进行听证，夏利士法官当庭颁发口头命令并于 12 月 20 日签署书面命令（HCMP2295/2019，见附件 2），认可上海华信内地破产清算程序及联合管理人的身份（the liquidation of CEFC Shanghai International Group Limited and the appointment of the joint liquidators of the Company be recognized），确认该联合管理人有权代表上海华信在香港行使管理人权利，以及不得针对上海华信的资产在香港地区继续进行诉讼或其他司法程序（For so long as the company remains in liquidation in the mainland of the PRC, no action or proceeding by any party other than the joint liquidators shall be proceeded with or commenced against the Company or its affairs, property or assets within the jurisdiction of this Court）。根据上述命令，包括 R 基金所提扣押令在内的个别清偿程序停止，R 基金不得对上海华信资产主张权利。2020 年 1 月 13 日，香港高等法院正式发布与上述命令相关的决定。

【裁判理由】

夏利士法官总结香港跨境破产承认与协助的判例规则是：该被承认的跨境破产程序是集体清偿程序（the foreign insolvency proceedings are collective insolvency proceedings）并由公司注册地发起（the foreign insolvency proceedings are opened in the company's country of incorporation）；如果境外破产程序与香港清算制度类似，则香港法院可以给予该境外破产程序被委任的清算人实质上类似香港清盘人的权利（in the case of liquidators appointed in jurisdictions with similar insolvency regimes to Hong Kong, the assistance may extend to granting orders that give the foreign liquidators substantially similar powers）。夏利士法官在决定中就香港法院承认境外破产程序的主要原则、协助与认可境外管理人的条件及是否以互惠为前提等作了详细阐述。

一、承认境外破产程序的主要原则

根据近年香港法院予以承认与协助的大量普通法地区跨境破产判例和一件日本破产判例，香港法院承认境外破产程序有两项主要原则：一是境外破产程序在公司注册地启动；二是境外破产程序是集体清偿程序。如果同时满足上述两项条件，那么香港法院不仅可以承认普通法地区的破产程序，也可以承认大陆法系地区的破产程序。

上海华信注册于上海市浦东新区，上海破产法庭作为公司注册地法院，受理该公司破产清算申请无疑符合“境外破产程序在公司注册地启动”的条件。鉴于《企业破产法》第 30 条①规定清算程序包括债务人所有资产，以及上海破产法庭所出具的《请求函》说明了管理人提出的此项承认申请旨在维持共同原则和按比例清偿的原则，香港高等法院认定上海华信在内地适用的破产程序是集体清偿程序。

二、认可与协助境外管理人的条件

当境外破产程序被承认后，香港法院将对境外管理人适用香港破产法律给予协助。

首先，外国清盘人并不当然享有香港清盘人所有权利。按照判例法所提炼的规则，外国清盘人并不享有香港《公司条例》第 32 章所委任的清盘人的所有权利。这种限制源于 Singularis Holdings Ltd. v. PricewaterhouseCoopers 案［（2006）UKPC26；（2007）I AC508at（22）］所确

① 《企业破产法》第 30 条规定：“破产申请受理时属于债务人的全部财产，以及破产申请受理后至破产程序终结前债务人取得的财产，为债务人财产。”

立的规则：（1）协助的存在是为了使外国法院克服由于各国法院权力的地域限制而在全世界范围内解决清算公司事务遇到的问题，因此，不能提供协助以使得境外清盘人做一些根据其任命国法律不能做的事情；（2）只有在必须需要履行管理人职能时，才可获得协助；（3）给予协助必须符合协助地法院的实体法和公共政策。

其次，如果清盘人是在与香港破产法律制度相似的司法管辖区任命的，则协助可扩展至授予境外清盘人实质上类似的权利。这是 Re Joint Liquidators of Supreme Tycoon Ltd 案［（2018）HKCFI276］确立的规则。夏利士法官认为，内地破产程序及管理人职权与香港具有相似性：（1）《企业破产法》第 25 条[①]对管理人职责的规定与香港清盘人的权利义务相对应。通过比较可发现内地《企业破产法》条款体现了与香港破产法的对应关系。比如，《企业破产法》第 19 条[②]与香港破产清算程序中止相对应；《企业破产法》第 113 条“破产财产不足以清偿同一顺序的清偿要求的，按照比例分配”规定了对债务人资产进行按比例清偿的要求。香港高等法院据此认为内地破产程序与香港破产程序实质上类似。（2）本案的承认与协助是必要的。管理人提出上海华信案请求承认与协助的原因在于 R 基金暂时扣押令申请在前。如果债务人在香港进行清算，则无论债权人在清算之前或之后是否获暂时扣押令，扣押令程序（Garnishee Proceedings）均不能继续进行。既然如此，如果债权人在境外启动破产程序，则在香港的扣押令程序也要中止。这出于此

① 《企业破产法》第 25 条规定：“管理人履行下列职责：（一）接管债务人的财产、印章和账簿、文书等资料；（二）调查债务人财产状况，制作财产状况报告；（三）决定债务人的内部管理事务；（四）决定债务人的日常开支和其他必要开支；（五）在第一次债权人会议召开之前，决定继续或者停止债务人的营业；（六）管理和处分债务人的财产；（七）代表债务人参加诉讼、仲裁或者其他法律程序；（八）提议召开债权人会议；（九）人民法院认为管理人应当履行的其他职责。本法对管理人的职责另有规定的，适用其规定。”

② 《企业破产法》第 19 条规定：“人民法院受理破产申请后，有关债务人财产的保全措施应当解除，执行程序应当中止。”

前的普通法判例规则："一个单一的破产，所有债权人都应该有资格且需要申报其债权。任何人都不应当因为他恰好生活在一个资产较多或债权人较少的管辖区而具有优势。"

三、承认与协助并不要求以互惠为前提

夏利士法官在决定中阐明，虽然内地承认外国法院判决的先决条件通常是与外国存在互惠关系，但普通法下承认与协助所遵循的原则并不要求表明互惠原则。原因在于，承认和协助境外破产程序的目的是使一项破产成为可能，使债务人的资产得以变现，债权人的债权得以确定，并在指定的破产管理人的控制下按照同一破产体系以按比例清偿的方式将可用资产分配给债权人。由此可见，其他地区不仅必须实行与香港地区类似的破产制度，而且对一家资产和债权人不在其自身管辖范围内的公司的破产，承认与协助有助于促成单一的破产。否则多个司法管辖区进行单独的清算，这将破坏提供承认和协助的基础。

［评析］

内地破产程序及管理人身份获香港法院认可首案

一、香港与内地跨境破产制度概述

（一）香港跨境破产制度现状

由于历史原因，香港法律文化及司法实践深受英国法律传统影响，具有典型的普通法系特征，判例法是其重要法律渊源。香港地区破产制度分为个人与公司破产，公司破产适用2014年修订完成的《公司（清盘及杂项条文）条例》，但并无等同于英国《1986年破产清盘法》第

426 条对其他司法区域破产给予协助的法律条文。[①] 实践中，当涉及并非在香港注册的公司清盘时，法律依据有别于在香港注册成立的公司清盘。[②] 根据《公司（清盘及杂项条文）条例》第 327（3）条规定，“非香港注册公司”可被清盘的理由为：（1）公司已解散或停业，或仅为结束其事务而继续营业；（2）公司无力清偿债务；（3）法院认为将公司清盘是公平公正的。[③] 除上述规定外，香港法官在大量援引普通法判例的基础上，依据普通法规则对境外破产程序予以承认和救济，发展出具有香港特色的跨境破产制度。[④]

香港法院承认、协助同为普通法司法管辖区破产程序的实践可追溯至 1929 年的 Re Russo - Asiatic Bank 案［（1929 - 1930）24 HKLR 16］。该案中，成立于苏联的银行在伦敦、香港、上海设有分行，该银行在香港的分行被清盘后有余款 30 万英镑，伦敦分行、上海分行的清盘人就该笔在香港的余款的支配权发生争执，香港法院最终准许伦敦分行的清盘人代表债权人提交债权证明，拒绝了上海分行清盘人的申索。夏利士法官自 Joint Official Liquidators of A Co. v. B 案［（2014）4 HKLRD 374］起，开始列示一些原则作为对境外清盘人给予司法承认和协助的指引，如根据某公司成立地的法律，某人获委任为该公司的清盘人，其权利在香港应得到承认。也是自该案起，逐渐形成司法裁决惯例，即通过作出标准命令以支持境外法院要求承认和协助的申请。

---

① 参见 Justice Harris：《了解香港的跨境破产清盘案件》，详见其 2016 年 11 月 17 日于香港大学所作讲座内容。

② 根据香港《公司（清盘及杂项条文）条例》（“清盘条例”）第 177 条，法院可在下列情况下命令一家在香港注册成立的公司清盘：（1）公司已通过特别决议决定公司由法院清盘；（2）公司在其成立后一年内没有开始营业，或停业一整年；（3）公司并无成员；（4）公司无力清偿债务；（5）公司章程规定某一事项一旦发生则公司须解散（如有），而该事件已经发生；（6）法院认为将公司清盘是公平公正的。

③ 王鸣峰、刘社仁、陆栩然：《境外公司、香港公司与破产法》，载《上海律师》2016 年第 1 期。

④ 石静霞、黄圆圆：《论内地与香港的跨境破产合作——基于案例的实证分析及建议》，载《现代法学》2018 年第 5 期。

（二）内地跨境破产制度现状

《企业破产法》第5条确立了我国在跨境破产立法上采用“有限的普及主义”原则，[①] 即承认境内破产程序的境外效力，但有条件地承认境外破产程序的境内效力。上述原则性规定与《民事诉讼法》第四编的条文，尚不能满足我国法院处理跨境破产的规范需求。2015年6月，《最高人民法院关于人民法院为“一带一路”建设提供司法服务和保障的若干意见》第6条软化了互惠原则的要求，为包括破产在内的跨境司法协助提供了空间。2018年3月出台的《全国破产审判工作会议纪要》第49条、第50条，对于跨境破产中的互惠原则、权利保护与利益平衡原则进一步进行了规定，并明确提出“探索互惠原则的新方式”。上述跨境破产理念渐进式改变，既体现了我国法院对推进跨境破产秉承更加开放的态度，也给司法实践留下探索完善的空间。

司法实践方面，我国法院直接承认境外破产程序的案件有三起：2001年广东省佛山市中级人民法院承认意大利米兰法院宣告伊恩集团（E. N. Group SPA）股份集团公司破产案、2005年广东省广州市中级人民法院承认法国普瓦提艾商业法院宣告法国百高洋行（Pellis Corium Pelcor）破产案、2012年湖北省武汉市中级人民法院承认德国蒙特巴地区法院对科勒博士诉斯豪斯（Dr. Koehler & Seehaus）案的判决。三起案件的承认依据均为《民事诉讼法》有关司法协助的规定及我国与相关国家之间签订的双边民商事司法协助条约。三起案件虽作出了承认外国法院破产程序的裁定，但均未涉及对外国破产程序的破产监护人、破产清算人等在我国境内接管、处置有关破产企业财产等履职提供具有实际效果的协助。在大拇指环保科技集团（福建）有限公司诉中华环保科技集团有限公司（Sino－Environment Technology Group Limited）股东出资纠纷案中，最高人民法院认可了新加坡高等法院任命的清盘人作为

① 王卫国：《破产法精义》，法律出版社2020年版，第21页。

被告诉讼代表人的权限和资格，以及清盘人作出的变更全资持股公司董事及法定代表人任免决议的效力。

二、香港与内地之间跨境破产实践现状

自香港回归后，内地与香港两地企业经贸合作频繁，较多内地企业采用离岸公司架构开展业务，即在离岸司法管辖区域（如开曼群岛）成立控股公司并在香港上市，但主要资产（包括子公司）在内地，控股公司向国际债权人（债券持有人和银行）融资，所得用于内地子公司运营。[①] 如运营不善，控股公司在香港或离岸司法管辖区清盘，清盘人如何实现对内地资产的管理及处分，便会产生跨境破产境外效力、清盘人资格认可、破产裁决承认与执行等问题。由于两地显著的立法及法律适用差异，在跨境破产境外效力、管辖权、法律适用、判决承认与执行等领域缺乏可操作性制度安排，导致两地破产承认与合作存在较多障碍。在上海华信案之前，内地法院涉及香港破产境外效力问题的裁判思路主要分为三种。

（一）严格的属地主义原则

案例一：2010年，北京市第一中级人民法院受理北泰控股公司申请承认香港法院清盘令案，并就是否应当承认香港破产清盘令问题请示最高人民法院。2011年9月，最高人民法院作出《关于北泰汽车工业控股有限公司申请认可香港特别行政区法院命令案的请求的复函》，认为《最高人民法院关于内地与香港特别行政区法院相互认可和执行当事人协议管辖的民商事案件判决的安排》不适用于认可清盘令，而且清盘令也不是《民事诉讼法》（2007年）第265条和《企业破产法》第5条所规定可予认可和执行的外国法院的"判决"，内地法院承认香

① 参见 Justice Harris：《香港、内地跨境破产制度的认可——破产管理人的实际需要》，详见其2019年7月于深圳市中级人民法院普通法裁判思维研修班的讲座内容。

港法院作出的清盘令缺乏法律依据，故应对涉案清盘令不予认可。

该案反映出内地法院在香港法院清盘令的境内效力上坚持严格的属地主义原则，即香港地区清盘令对内地法院没有约束力。对香港境内的债权人而言，在内地与香港没有构建跨境破产合作机制的情况下，只能采取向内地法院提起诉讼的方式，在个案中实现其债权，这有损债权人整体权益的实现。①

（二）间接承认清盘人的法律地位

案例二：2013 年 7 月，香港法院对中国金属再生资源（控股）有限公司（以下简称中金再生）颁布临时清盘令，其临时清盘人代表香港股东对在内地的包括广州亚钢钢铁有限公司（以下简称广州亚钢）、广州亚铜金属有限公司（以下简称广州亚铜）在内的多家三、四级子公司采取了更换管理层的措施，并决定停止对外偿债。后内地债权人向广东省广州市中级人民法院申请对广州亚铜、广州亚钢破产重整，该院于 2014 年 2 月裁定受理并指定内地管理人，后裁定批准两公司的重整计划。②

该案中，通过委任香港股东的临时清盘人更换内地子公司管理层，从而控制内地破产财产的模式被学界称为“迂回”模式。其核心是运用公司法上的董事变更规则，规避目前内地法院对香港破产程序以及临时清盘人的承认难题，现今依旧是香港临时清盘人控制债务人内地资产

① 石静霞、黄圆圆：《论内地与香港的跨境破产合作——基于案例的实证分析及建议》，载《现代法学》2018 年第 5 期。

② 中金再生系列案中，临时清盘人更换管理层的措施引发一系列诉讼。例如，在其三级子公司亚洲钢铁（香港）有限公司（以下简称香港亚钢）与广州亚钢、姜某等请求变更公司登记纠纷案中，一审以保某、徐某等任免广州亚钢董事等人员的行为实为履行香港法院的临时清盘令为由，判决驳回香港亚钢的诉讼请求，二审认为临时清盘人代表提起诉讼及更换管理层的行为系根据香港《公司（清盘及杂项条文）条例》及该公司组织章程的规定，并非直接基于临时清盘人的资格，各项决议合法有效，裁定撤销一审判决，改判委派管理层行为有效。参见《中金再生系列重整案广州中院率先破冰》，载中国江苏网，http://news2.jschina.com.cn/system/2015/06/24/025219611.shtml，2020 年 2 月 22 日访问。

的主要模式。[①]

（三）内地破产程序具有境外效力

案例三：中芝兴业财务有限公司（CCIC Finance Limited，以下简称中芝公司）诉广东国际信托投资公司（以下简称广国投，内地进行破产）及广国投香港子公司一案中，广国投对中芝公司负有债务，而广国投对广国投香港子公司又享有债权，中芝公司向香港法院申请发出暂时债务扣押令，扣押广国投对其香港子公司的债权，以此偿付广国投欠中芝公司的债务。香港法院依据上述申请于1999年11月发出暂时扣押令。之后，中芝公司又申请绝对扣押令，广国投清算组遂提出反请求，申请颁令停止所有针对广国投及其香港子公司的法律程序，包括本案中芝公司的暂时扣押令申请。香港法院认为，广国投破产清算程序以全面统一收集及分配债务人财产为基础，并对同一类别的内地及境外债权人平等适用按比例分配原则。据此批准了广国投清算组的申请，颁令停止有关香港法律程序（HCA15651/1999）。

除上海华信案外，近年来香港与内地两地破产司法实践领域合作取得了其他一些新的突破，如香港破产清盘人申请内地协助网拍香港资产案[②]和深圳市年富供应链有限公司破产清算案[③]。有观点认为，从严格意义上而言，上海华信案是香港法院明确认可内地管理人地位的第一案，却并非香港承认内地破产程序第一案。[④] 两案起因有一定相似性，均与能否取得对于第三人债务命令（Garnishee order，又称扣押令）的

---

① 石静霞、黄圆圆：《论内地与香港的跨境破产合作——基于案例的实证分析及建议》，载《现代法学》2018年第5期。

② 参见《深圳中院在全国首次成功网拍跨境破产财产》，载广东省高级人民法院微信公众号，https：//mp. weixin. qq. com/s/－epoSBYJyBt_ CIaYAQ0FOw，2020年7月26日访问。

③ 包力：《首例！深圳破产管理人获准在香港全面履职》，载新浪财经新闻网，https：//finance. sina. com. cn/roll/2020－06－18/doc－iirczymk7601436. shtml，2020年7月26日访问。

④ 石静霞：《香港法院对内地破产程序的承认与协助——以华信破产案裁决为视角》，载《环球法律评论》2020年第3期。

最终命令相关，且均涉及对内地破产程序的认可，但两案所体现的程序、裁判依据、结果及意义等存在一定差异。

三、香港与内地跨境合作的重大突破——上海华信案的意义

《企业破产法》第5条对于承认与执行境外法院破产裁决的基本条件作出了规定，前提是需检索不同法域之间是否签署条约或规范以及是否符合互惠原则。目前香港与内地司法协作以八个“安排”为基本框架，但均不包括破产案件。[①] 两地之间跨境破产制度的完善，需以将来《企业破产法》第5条修改为契机，对跨境破产管辖权、外国破产代表和债权人地位及待遇，对外国破产程序提供司法协助的条件和方式等予以进一步规范和细化。上海华信案在香港获得承认与协助的意义不仅在于个案中阻止了R基金适用扣押令程序实现个别清偿，有利于实现上海华信对香港资产的归集，更为重要的是，该案作为香港法院首次正式承认与协助的内地跨境破产案件，为内地此类申请提供了范本，也为两地构建跨境破产合作机制提供了实践样本，具有里程碑意义。此次香港法院承认上海华信案内地管理人的资格，并赋予其实质上类似香港清盘人的权利，必将有利于内地管理人深度参与跨境破产实务，在其自身发展的同时促进内地破产法的实施。

① 以2008年签署的《最高人民法院关于内地与香港特别行政区法院相互认可和执行当事人协议管辖的民商事案件判决的安排》、2017年签署的《最高人民法院、香港特区行政区政府关于内地与香港特别行政区法院相互认可和执行婚姻家庭民事案件判决的安排》以及2019年签署的《最高人民法院、香港特区行政区政府关于内地与香港特别行政区法院相互认可和执行民商事案件判决的安排》为代表。

附件 1　请求信（中文）

上海市第三中级人民法院破产法庭

案号：（2019）沪 03 破 305 号

有关《中华人民共和国企业破产法》（2007 年）及上海华信国际集团有限公司

请求信

鉴于

1. 本法院是就中华人民共和国公司及公司破产清算法律行使司法管辖权的法院。

2. 上海华信国际集团有限公司（“该公司”）是根据中华人民共和国法律设立。

3. 于 2019 年 11 月 15 日，本法院根据《中华人民共和国企业破产法》（2007 年）（“企业破产法”）第二条第二款、第三条、第七条第一款、第七十一条第一款之规定提出的对该公司进行破产清算的申请（“该申请”）。

4. 于 2019 年 11 月 24 日，本法院裁定受理该申请（“该裁定”），并作出民事决定书（“该决定书”），指定北京市金杜律师事务所上海分所、上海市方达律师事务所、上海市锦天城律师事务所为该公司管理人（“该管理人”）。

5. 基于该决定书，该管理人获授权及获赋予行使任何企业破产法规定的权利并履行相应的职责，包括：

（a）接管该公司财产、印章和账簿、文书等资料；

（b）调查该公司财产状况；

（c）决定该公司内部管理事务；

（d）决定该公司日常开支和其他必要开支；

（e）在第一次债权人会议召开前，决定继续或者停止该公司的营业；

（f）管理和处分该公司的财产；

（g）代表该公司参加诉讼、仲裁或者其他法律程序；

（h）提议召开债权人会议；

（i）本法院认为该管理人应当履行的其他职责。

6. 根据该管理人的初步调查和查询，目前已知该公司对上海华信集团（香港）有限公司［Shanghai Huaxin Group（Hongkong）Limited］合计享有人民币5913621111.11元的债权，故该笔应收账款应属该公司的资产。

7. 基于上述，为使该管理人能够有效地处理该公司的相关事务，并避免持续地向香港特别行政区高等法院（“高等法院”）求助，以及提供保证（尤其是向非专业的各方）以证明该管理人全权代表该公司及处理该公司相关业务，该管理人向高等法院申请获认可的命令。

8. 获批准的认可命令的效力，将能确认该管理人拥有并可以行使企业破产法及有关司法解释提供的权利，在香港法例下（在香港普通法所准许的范围内）也能向该管理人提供，犹如他们在香港法例下被委任为清盘人（或临时清盘人）。

9. 根据企业破产法第十九条规定，法院受理破产申请后，有关该公司财产的保全措施应当解除，执行程序应当中止；第二十条规定，法院受理破产申请后，已经开始而尚未终结的有关该公司的民事诉讼或者仲裁应当中止；在管理人接管该公司的财产后，该诉讼或者仲裁继续进行；第二十一条规定，法院受理破产申请后，有关该公司的民事诉讼，只能向受理破产申请的法院提起。

10. 为使该公司免于不确定及可能延续不断的诉累，保障该公司清盘程序的有序进行，高等法院应明确，上述第9条列明的企业破产法条文所产生的法律效果应扩展至香港司法管辖区。

11. 依据企业破产法及有关司法解释，本法院确认，为使该管理人有效履行职责，发出本请求书乃属公正及适宜。

本法院兹请求高等法院作出以下命令及指示，以协助清盘程序及该管理人：

1. 高等法院认可北京市金杜律师事务所上海分所、上海市方达律师事务所、上海市锦天城律师事务所为授权代表，代表该管理人在香港司法管辖区内行事，其中张少东律师为管理人负责人，对管理人工作事务具有最终决策权。

2. 该管理人在香港法律容许的最大程度下，拥有并可以行使其该命令和（如上开列之）企业破产法及司法解释的权利，特别是在不损害前述条文的一般性的原则下，为以下目的行使的权利：

（a）查明该公司的事务并就此进行调查。

（b）查找、保护、保全、管有和控制该公司的账簿、记录和文件，包括在高等法院辖区内的会计和法定记录。该公司的账簿、记录和文件包括但不限于：

（1）该公司与其审计师、该公司与其他第三方之间交换的电子邮件和其他通信；

（2）该公司向其审计师提供的文件和资料，以及审计师向该公司提供的与审计工作相关的文件和资料；

（3）该公司关于其户口及审计该户口的账簿、记录和文件。

（c）采取一切必要措施，防止该公司资产遭受任何处置，尤其是要保全在香港司法辖区内该公司名下的任何银行账户内的任何信贷结余。

（d）以该公司名义和代表该公司操作和开立或关闭任何银行账户，以收集资产和支付任何必要的费用和开销。

（e）聘请和雇佣该管理人认为适当的大律师、事务律师或律师和/或其他代理人或专业人士，以提供建议或协助执行其在本命令下的权利和职责。

（f）为补充和行使在此规定的权利而有需要时，可以该管理人自身名义或者以该公司名义，代表该公司并为该公司的利益，向本法庭提出法律诉讼和作出所有此类申请，包括任何以下申请：

（1）该管理人预计为便利其对该公司资产和事务进行调查时可能申请的披露令、呈交文件令和/或第三方审查令；及/或

（2）在任何已经展开的法律程序中申请附属济助，如冻结令、搜查及扣押令等。

（g）以该公司名义和代表该公司参与处置该公司对上海华信集团（香港）有限公司［Shanghai Huaxin Group（Hongkong）Limited］享有的债权资产及与该笔债权资产相关的全部纠纷。

3. 为免产生疑问，该管理人获明确授权寻求香港法律提供的济助，即使其范围与企业破产法及相关司法解释下对应的范围并不完全一致。

4. 该管理人获授权或需要作出的任何事情，可以由所有获委任者或其中的任何一位或多位授权代表作出。

5. 该公司在中国境内的破产程序终结（以本法院作出的书面裁定书为准）前，除非获高等法院批准和受高等法院施加的条款限制，否则不得针对该公司继续或开始属于高等法院司法管辖权的诉讼或法律程序。

6. 该管理人须按本法院和高等法院或会作出的进一步命令的条款指示，与本法院通信（向本法院汇报）。

本法院确认并保证，上述请求并未受到企业破产法及相关司法解释的限制。

日期：2019 年 12 月 5 日

审判长　黄贤华
审判员　郭大梁
审判员　王益平
审判员　刘　琳
审判员　刘建雷

附件2　命令（中文）

高等法院
香港特区
一审法庭（Court of First Instance）
其他程序（Miscellaneous Proceedings）NO 2295 2019

有关上海HX（在中国内地清算）及
有关本法院的管辖权

上海HX联合管理人（在中国内地清算）申请人

夏利士法官

命令

基于申请人在2019年12月13日递交给本院的单方面原诉传票（*ex parte* Originating Summons）方式的申请，并且基于在2019年12月13日提交的张少东的确认书及其附件、2019年12月13日提交的张少东的第二次确认书及其附件、2019年12月13日提交的梁秉钊的证言及其附件，以及基于申请人的聆讯律师意见，特此命令如下：

1. 上海HX（“该公司”）的清算（在中国内地清算）以及委任（i）北京市金杜律师事务所上海分所（上海环贸广场写字楼一期17层，

中国上海市徐汇区淮海中路999号，200031）、（ii）上海市方达律师事务所（中国上海市石门一路288号兴业太古汇二座24楼，200041）、（iii）上海市锦天城律师事务所（上海市浦东新区银城中路501号上海中心大厦9、11、12楼，200120）作为公司联合管理人（“联合管理人”）（及郝朝辉先生、李凯先生、朱林海先生作为授权代表）被本法院认可。

2. 在香港特区内，联合管理人有权并可以行使如下权利：

（1）要求第三方提供并接受来自第三方提交的与该公司及其成立、业务交易、账目、资产、负债或包括清算原因在内的该公司事务有关的文件、信息。

（2）查明、保护、保全、管有和控制在本法院管辖范围内的且该公司有权或体现出该公司有权利的所有财产及资产。

（3）查明、保护、保全、管有和控制公司的账簿、记录和文件，包括在本法院管辖范围内的会计和法定记录，以及调查该公司资产和事务与导致该公司清算的情况。该公司账簿、记录和文件包括：

（a）该公司与其审计师、该公司与其他第三方之间交换的电子邮件和其他通信；

（b）该公司向其审计师提供的文件和资料，以及审计师向该公司提供的与审计工作有关的文件和资料。

（4）采取一切必要措施，防止该公司资产遭受任何处置，尤其是要保全在本法院管辖范围内该公司名下及在公司控制之下的任何银行账户内的任何信贷结余。

（5）以该公司名义和代表该公司操作和开立、关闭任何银行账户，以收集资产和支付联合管理人的任何必要的费用和开销。

（6）聘请和雇佣该联合管理人认为适当的大律师、事务律师或律师和/或其他代理人或专业人士，以提供建议或协助执行其在本命令下的权利和职责。

（7）为补充和行使在此规定的权利而有需要时，无论是以该联合管理人自身名义或以该公司名义，代表该公司并为该公司的利益，向本法院提出法律诉讼和作出所有此类申请，包括任何以下申请：

（a）该联合管理人可能作出的以便利其对该公司资产和事务以及导致该公司清算的情况进行调查时可能申请的披露令、呈交文件令和/或第三方审查令；及/或

（b）在任何已经开展的法律程序中申请附属济助，例如冻结令、搜查及扣押令。

3. 该联合管理人获授权或需要作出的任何事情，可以由所有获得委任者或其中的任何一位或多位授权代表并采用联合管理人经授权的“上海HX管理人”公章的方式作出。

4. 只要该公司在中国内地的清算程序仍在进行中，除非获本法院批准和受本法院施加的条款限制，否则不得针对该公司及其事务、财产或资产继续或开始属于本法院司法管辖权的诉讼或程序。任何须由法院作出决定的申请应当向公司法官或当公司法官无法处理时向其他法官通过书面方式作出。

5. 该联合管理人可自行作出申请；

6. 本次申请的费用应当作为清算开支，从公司资产中支付。

本命令作出日：2019年12月18日

《最新法律文件解读》丛书

稿 约

《最新法律文件解读》是一套以为最新法律规范提供同步"解读"为主的系列丛书，分为刑事、民事、商事、行政与执行4个分册，按月出版。

本丛书以"解读"为重点，突出全、专、新、快、准等特点，通过对最新出台的法律、法规、司法解释、部门规章以及重要地方性法规进行同步动态解读，弥补了法律、法规、司法解释汇编类出版物没有同步阐释、解读内容的不足，为广大读者学习理解最新法律规范，正确贯彻执行法律文件，及时解决实践中的新情况、新问题，提供一个全方位、多层面的法律信息平台。

欢迎您向以下栏目赐稿：

【最新法律文件解读】主要是对最新颁行的法律文件进行解读，帮助司法和执法人员正确理解法律文件的立法背景、意义、重点内容、在适用中应注意的问题、与相关法律文件的衔接与互动关系等。

【司法实务问题研究】主要刊登对司法理论、实务及司法管理工作中的热点、疑难问题进行研究及评论的文章。

【新类型疑难案例选评】主要是对司法和行政执法实践中具有典型性和代表性的疑难案例，结合具体案情以及审理或处理结果进行简练精辟的点评，解析认识问题的方法、处理问题的法律依据和在个案中的具体适用。

【法学前沿与新视点】以摘要的形式刊登相关法学理论研究的最新动态及具有代表性和典型性的前沿问题，扩展法学研究的深度和广度。

【法律适用问题解答】主要针对司法和行政执法实践中面临的新问题、热点问题、疑难问题进行简要的解答，指出涉及的法律关系，明确法律适用依据。

稿件一经刊用即付稿酬，稿酬从优。

《刑事法律文件解读》 杨晓燕 邮箱:5184621@qq.com

《民事法律文件解读》 丁丽娜 邮箱:dlnlaw@163.com

《商事法律文件解读》 路建华 邮箱:shangshijiedu@126.com

《行政与执行法律文件解读》 张 奎 邮箱:271717306@qq.com

人民法院出版社

《最新法律文件解读》丛书编辑部

人民法院出版社 2021 年连续出版物

《中国审判指导丛书》

1.《刑事审判参考》

最高人民法院刑事审判第一庭、第二庭、第三庭、第四庭、第五庭共同主办。全年6辑,每辑68.00元,共408.00元。

2.《民事审判指导与参考》

最高人民法院民事审判第一庭编。全年4辑,每辑68.00元,共272.00元。

3.《商事审判指导》

最高人民法院民事审判第二庭编。全年2辑,每辑68.00元,共136.00元。

4.《立案工作指导》

最高人民法院立案庭编。全年2辑,每辑68.00元,共136.00元。

5.《审判监督指导》

最高人民法院审判监督庭编。全年4辑,每辑68.00元,共272.00元。

6.《知识产权审判指导》

最高人民法院民事审判第三庭编。全年2辑,每辑68.00元,共136.00元。

7.《涉外商事海事审判指导》

最高人民法院民事审判第四庭编。全年2辑,每辑68.00元,共136.00元。

8.《环境资源审判指导》

最高人民法院环境资源审判庭编。全年2辑,每辑定价68.00元,共136.00元。

9.《中国少年司法》

最高人民法院少年法庭指导小组编。全年4辑,每辑68.00元,共272.00元。

10.《执行工作指导》

最高人民法院执行局编,自2019年起由人民法院出版社出版发行。全年4辑,每辑68.00元,共272.00元。

11.《国家赔偿与司法救助办案指导》

最高人民法院赔偿委员会办公室编。全年2辑,每辑68.00元,共136.00元。

《最新法律文件解读丛书》

《刑事法律文件解读》《民事法律文件解读》《商事法律文件解读》《行政与执行法律文件解读》

人民法院出版社编。全年12辑,每辑28.00元,共336.00元。

判解研究系列

1.《判解研究》

中国人民大学民商事法律科学研究中心主办,著名民法学家王利明教授主编,CSSCI来源集刊。全年4辑,每辑68.00元,共272.00元。

2.《刑事法判解》

北京大学法治与发展研究院刑事法治研究中心主办,著名刑法学家陈兴良教授主编,车浩教授任执行主编。全年2辑,每辑68.00元,共136.00元。

3.《刑事法判解研究》

北京师范大学刑事法律科学研究院编。全年2辑,每辑68.00元,共136.00元。

司法从业人员案头必备权威工具书

1.《司法文件选》

最高人民法院研究室编。全年12辑,每辑定价8.00元,共96.00元。

2.《司法文件选解读》

最高人民法院研究室编。全年12辑,每辑定价10.00元,共120.00元。

3.《司法文件选(2020年合订本)》

最高人民法院研究室编。本书定价82.00元。

4.《司法文件选解读(2020年精选集)》

最高人民法院研究室编。本书定价86.00元。

银行汇款方式:
开户银行:工行王府井金街支行
账号:0200000709004606170
开户名称:人民法院出版社有限公司
传真:010-67550541
上述图书,邮购请加15%邮费。

邮局汇款方式:
邮编:100745
地址:北京市东城区东交民巷27号
联系人:人民法院出版社有限公司
咨询电话:010-67550595　67550536